PETER SELG

Ungeborenheit

Eine Brücke ist der Mensch
Zwischen dem Vergangnen
Und dem Sein der Zukunft;
Gegenwart ist Augenblick;
Augenblik als Brücke.
Seele gewordner Geist
In der Stoffeshülle
Das ist aus der Vergangenheit;
Geist werdende Seele
In Keimesschalen
Das ist auf dem Zukunftwege.
Fasse Künftiges
Durch Vergangnes

Hoff' auf Werdendes
Durch Gewordenes.
So ergreif das Sein
Im Werden;
So ergreif, was wird
Im Seienden.

Weihnacht, 24. December 1920

Rudolf Steiner

PETER SELG

Ungeborenheit

Die Präexistenz des Menschen und der Weg zur Geburt

VERLAG DES ITA WEGMAN INSTITUTS

[…] Wir brauchen, wenn wir von dem Ewigen, von dem Unzerstörbaren im Menschenwesen reden gegenüber dem zerstörbaren, vergänglichen Leibe, wir brauchen zu unserem Wort «Unsterblichkeit», das uns hinweist auf das physische Lebensende, ein anderes Wort; wir brauchen das Wort «Ungeborenheit». Denn ebenso, wie wir mit unserem ewigen, geistigen Teil durch die Todespforte gehen und in der geistigen Welt weiterleben ein anderes Leben, das für die Geistesforschung durchschaubar ist, ebenso treten wir aus geistigen Welten, bevor wir hier geboren beziehungsweise empfangen werden, herunter zu dieser physischen Erdenverkörperung. Wir gehen nicht nur als Unsterbliche durch die Todespforte – wir kommen als Ungeborene durch die Geburtspforte. Wir brauchen das Wort Ungeborenheit zu dem Worte Unsterblichkeit dazu, wenn wir den Menschen in seiner Wesenheit ganz erfassen wollen.

Rudolf Steiner [1]

Ita Wegman Institut
für anthroposophische Grundlagenforschung
Pfeffingerweg 1A, CH-4144 Arlesheim

4. Auflage 2017

Umschlagmotiv aus: Rudolf Steiner, Wandtafelzeichnungen zum Vortragswerk, Band 25, Seite 58. © Rudolf Steiner Archiv, Dornach

Frontispiz: © Ita Wegman Archiv, Arlesheim

Gesamtgestaltung: Walter Schneider, www.schneiderdesign.net

Druck: Glückler Druck Grafik GmbH, Hechingen

ISBN 978-3-9523425-8-9

Inhalt

Vorwort zur 4. Auflage

Auch der Embryo ist ein Mensch …
Anselm von Feuerbach, 1812[1A]

Die gegenwärtigen Bedrohungen am Tor von Konzeption und Geburt – und nicht nur diejenigen der frühen Kindheit – sind gewaltig. Nach Schätzungen der WHO entschloss sich bereits 2011 etwa ein Fünftel aller schwangeren Frauen zu einem Abbruch der Gravidität – und die Zahlen steigen noch immer weiter an, wozu neben Not und Elend (in den Entwicklungsländern) auch die sich ausweitenden pränatalen Screening-Möglichkeiten (in den wohlhabenden Industrienationen) beitragen. – Auf der anderen Seite boomt die «In-vitro-Fertilisation» im Diktat der Machbarkeit. Die mit ihr verbundenen ethischen Herausforderungen, Schwierigkeiten und Abgründe sind weithin bekannt, und sie reichen bis zur zunehmenden Selektion der Embryonen nach morphologischen Güteklassen. Soziokulturelle und psychische Probleme wie die der Kinderlosigkeit oder «Unfruchtbarkeit» werden technologisch «gelöst», unter Einsatz eines gigantischen Aufwandes und mit Entgrenzungen, die noch vor Jahrzehnten undenkbar waren. Die Frage nach der «Ungeborenheit», nach der Würde und dem Recht des Kindes respektive der sich inkarnieren wollenden – oder sich unter gewissen Umständen auch *nicht* inkarnieren wollenden – Individualität, wird gemeinhin gar nicht gestellt, weder bei den selektiven Schwangerschaftsabbrüchen noch bei der technisch herbeigeführten Gravidität. Die Medizin und die um sich greifende Biotechnik stehen vielmehr in der Gefahr, zu funktionellen Erfüllungsgehilfen gesamtgesellschaftlicher Vorgaben zu werden. Und dies auch dort, wo sich zivilisatorische Erwartungs- oder Anspruchshaltungen im einzelnen Menschen artikulieren und damit (scheinbar) Ausdruck individuellen Willens sind – bis hin zum «*Social Egg Freezing*», das den Frauen verspricht, die Reproduktion zur optimalen Biografie- und Karriereplanung zeitlich in die Hand zu bekommen, was zugleich kapitalistischen Wirtschaftsinteressen entspricht. Die «*Multioptionsgesellschaft*» (P. Gross) weitet sich aus und diktiert das Geschehen, und auch die pränatale Diagnostik nicht-krankheitsrelevanter, aber gesamtgesellschaftlich erwünschter oder unerwünschter Merkmale – mit nachfolgender Intervention – ist längst keine Orwell-Fantasie mehr, sondern medizinische Wirklichkeit. Der Soziologe Luc Boltanski spricht vom «projektgebundenen Kind» in einer «projektbasierten Gesellschaft», die alles zu bestimmen sucht, nicht nur den Zeitpunkt und die Schmerzfreiheit der «kontrollierten», nicht-natürlichen Geburt (die am Ende das *einzig* akzeptierte Verfahren sein soll und in manchen Ländern schon nahezu ist), sondern auch das Sein des Kindes – sein Sein überhaupt, aber auch sein individuelles So-Sein. «Wenn wir noch einmal zusammenkommen, werde ich Ihnen erzählen, wie die ahrimanischen Mächte darauf aus sind, das Karma des Menschen totzuschlagen, damit sie ihr Ziel erreichen», sagte Rudolf Steiner zu den anthroposophischen Medizinstudenten und Ärzten im April 1924. Er kam nicht noch einmal mit ihnen zusammen, aber dasjenige, was er ihnen schildern wollte, erlebten und erleben wir. «*Wehe der Menschenwelt, wenn ihr Werden gestört wird!*», steht warnend bei Mt 18,7.

Rudolf Steiners Darstellungen zur Ungeborenheit, zum kosmischen Dasein der Individualität vor Eintritt in das Erdensein, aber auch zur Embryonal-, Fötal- und frühkindlichen Entwicklung wirken vor dem Hintergrund aktueller Denkmuster und Verhaltensformen, Technologien und Interventionen *archaisch* – oder aber *ultramodern* und *hochbrisant*. Sie sind ein radikaler Gegenwurf und wurden von Steiner auch als solcher formuliert, im vollen Bewusstsein der angebrochenen Entwicklungen. Kennt man die modernen medizinethischen Debatten im Spannungsfeld von Konzeption und Geburt, die zum Teil auf hohem Reflektionsniveau geführt werden und die Abgründe der modernen Biotechnologie (und der von ihr abhängigen Medizin) detailliert beschreiben, so erfährt man Steiners anthroposophische Menschenkunde als notwendiges Desiderat. Die wissenschaftliche wie gesamtgesellschaftliche Erschließung, Vertretung und Umsetzung dieser realen Menschenkunde gehört zu den Kernaufgaben der anthroposophischen Ärzteschaft in Gegenwart und Zukunft; ein Versäumen dieser Bemühung dagegen in den Bereich der unterlassenen Hilfeleistung, und dies im gesamtzivilisatorischen Maßstab.

Vor diesem Hintergrund ist es mir eine Freude, dass die vorliegende kleine Studie zu Rudolf Steiners Verständnis der Ungeborenheit, die vor acht Jahren durch eine Vortragseinladung entstand, nun bereits in vierter Auflage erscheinen kann – und inzwischen in englischer, französischer, italienischer, russischer, spanischer und rumänischer Sprache (sowie als Hörbuch) erschienen ist. Rudolf Steiner wollte, dass der Begriff der «Ungeborenheit» Eingang in die Kultursprachen findet (vgl. S. 17 und 78f. in diesem Buch). Das ist durch die Verbreitung der kleinen Studie aus dem Haus Ita Wegmans zwar noch nicht gelungen, aber wurde durch sie vielleicht mit vorbereitet. «Zu Geringem auch kann kommen / Großer Anfang.» (Hölderlin)

Ita Wegman Institut, Arlesheim *Peter Selg*
November 2017

Vorwort zur 1. Auflage

Unsterblichkeit –
Ungeborenheit;
erst wer beides versteht,
versteht die Ewigkeit.
Rudolf Steiner, Buchwidmung (1914)[2]

Kinder werden jeden Tag auf allen Kontinenten und in allen Ländern der Erde geboren; sie erblicken «das Licht der Welt» und atmen selbstständig, sind unversehens da, nach Monaten der Erwartung, und doch unmittelbar und «neu», neu geboren – in ihrer Hilfsbedürftigkeit, aber auch in ihrem Zauber, ihrem je eigenen, individuellen Sein. Tatsächlich betreten bereits die «Neugeborenen» die Erdenwelt in einer personalen Würde, in einer unverkennbaren Ich-Dimension ihres Wesens und der Begegnung. Die Frage, *woher* die Kinder bzw. ihre Seelen kommen, liegt angesichts dieser unabweisbaren Tatsache auf der Hand – und kein naturwissenschaftlicher Reduktionismus, kein machtvolles Paradigma der Genetik und Vererbung hat diese Frage je zum Schweigen gebracht. Die Kinder sind vom ersten Tag und in deutlich erkennbarer Weise anders als ihre Eltern, denen sie nun begegnen; sie treten mit dem Gesetz ihrer Individualität an, ihres eigenen Seins und ihrer Geschichte, die weiter zurückreicht – viel weiter als der Tag der «Entbindung» und die neun Monate der Schwangerschaft.

Entgegen einer Fülle medizinethischer Diskussionen und Bemühungen, den Zeitpunkt zu definieren, ab dem dem Embryo die Würde des Menschseins zuerkannt werden müsse, sprach Rudolf Steiner in aller Eindeutigkeit davon, dass die höhere Individualität des Kindes bereits dem gesamten Schwangerschaftsgeschehen wirkend zugrunde liegt, es vom ersten Tag an mitgestaltet und mitbestimmt. Aus der Perspektive der Anthroposophie besteht der Inkarnationswille einer Menschenseele *vor* Eintritt der Konzeption und muss für ein tieferes Verständnis des Gesamtgeschehens berücksichtigt werden – die Frage nach der «Ungeborenheit» meint daher keineswegs allein die embryonal-fötale Werdenszeit vor der Geburt, sondern das gesamte Sein und die Geschichte der menschlichen Individualität, ihren Weg aus der geistigen Welt in die Erdenwelt. Wiederholt wies Rudolf Steiner in den ersten zwei Jahrzehnten des 20. Jahrhunderts darauf hin, dass die alleinige Thematisierung der religiösen Unsterblichkeitsfrage – bzw. der geistigen Weiter-Existenz des Menschen nach Eintritt des Erdentodes – eine erhebliche Abschattung ihres anderen Poles, ihres komplementären Aspektes bedeute, mithin der Frage nach der vorgeburtlichen bzw. präkonzeptionellen Daseinsweise des Einzelnen. In einer kultur- und bewusstseinsgeschichtlichen Ausführung sagte er 1920:

> [...] In der Zeit, in der die Menschen nach der göttlich-geistigen Welt in moralischer, in religiöser Beziehung erkennend haben hinschauen können, das Übersinnliche der Menschen mit dem Übersinnlichen der Welt in Beziehung haben bringen können, fragte man sich: Wie ist der Mensch herunter gekommen von den geistigen Welten, in denen er früher gelebt hat, auf diese Erde? Was natürliches Geschehen im Keimesleben, bei der Geburt war, das sah man nur als den äußeren Ausdruck dieses Heruntersteigens aus göttlich-geistigen Welten ins physische Erdenleben. Die Geburt war das große Rätsel. Was hat der Mensch hier auf der Erde zu vollbringen? Das fragte man sich. Heute blickt der Mensch nach der anderen Seite, nach der Seite des Todes, wenn er sich das große Rätsel nach dem wahren Wesen seines innersten Menschheitskernes aufwerfen will.[3]

Die «Ungeborenheit» ist, so Rudolf Steiner, «die andere Seite der Ewigkeit»; tatsächlich aber spielt sie im Bewusstsein der gegenwärtigen Menschheit nur eine marginale Rolle. *«Wir ahnen nicht einmal, was uns nach dieser Richtung fehlt.»*[4] Offensichtlich ist, dass das «Fehlen» aller entsprechenden Einsichten (oder auch nur der diesbezüglichen Fragen und Frage-Haltungen) gravierende Folgen zeitigt, nicht nur im menschlichen Selbstverständnis, sondern in vielen Lebensgebieten, in ihrem jeweiligen Tun und Lassen, im Modus des Umgangs. Nicht zuletzt der gesamte Bereich der Pränataldiagnostik und -intervention stellt sich in einem völlig veränderten Licht dar, wenn davon ausgegangen werden muss, dass in jeder kindlichen (d.h. auch embryonal-fötalen) Entwicklung eine menschliche Individualität wirksam ist, die eine sinnvolle Erdenbiographie antreten und gestalten will. Nahezu unzählbar sind die weltweiten Abbrüche dieser begonnenen Wege, die aufgrund befürchteter oder real vorhandener Leibessituationen durchgeführt werden, auf Initiative der Ärzte oder Eltern – ohne Befragung oder Respektierung des Inkarnationswillens jener Individualität, die sich *trotz* der vorhandenen Hindernisse oder gar *im Wissen um sie* auf den Weg gemacht hatte. Die naturwissenschaftliche Medizin beansprucht für sich, «weltanschauungsfrei» zu sein; unübersehbar aber ist, dass ihren diagnostischen wie therapeutischen Vorgehensweisen Prämissen zugrunde liegen, die selten hinterfragt werden. Diese Prämissen betreffen das Bild des Menschen, sein Wesen, den gesamten Leib- und Biographiebegriff, damit auch seine Werdezeit.

Die «Ungeborenheit» oder das «Ungeborensein» des Menschen – das Wissen um seine Präexistenz vor Antritt des Erdenlebens – war für Rudolf Steiner kein Postulat oder Glaubensartikel, sondern Ergebnis der inneren Erfahrung, Aspekt einer geisteswissenschaftlichen, bis ins Einzelne erforschten Evidenz.[5] Rudolf Steiner hoffte und setzte darauf, dass sich in der weiteren bewusstseinsgeschichtlichen Entwicklung der Menschheit ein fundamentales Umdenken ereignen werde – ein Um- und Weiterdenken, das den menschlichen Lebenslauf zwischen Tod und Geburt wieder (und neu) als Teil einer größeren Lebensgeschichte zu sehen vermag, einer Existenz der menschlichen Individualität, die der Konzeption vorangeht und den Tod überschreitet. («Das Leben wird erst verständlich, wenn man es in seiner Gesamtheit betrachtet, nicht nur einen kurzen Zeitabschnitt herausschneidet, der zwischen Geburt und Tod verläuft. Denn dieser Zeitraum ist wieder innig abhängig von dem, was vorangegangen ist in der Ungeborenheit, in der vorgeburtlichen, der rein geistigen Welt. Mit unserem ganzen Wesen sind wir abhängig von dem, was in der geistigen Welt vorangegangen ist.»[6]) Die alten Ursprachen der Menschheit hatten, so Steiner, noch Worte für jenen Begriff der «Ungeborenheit», der später gänzlich dem Bewusstsein der Menschheit und ihrer Terminologie entfiel. Einen uralten indischen Weisheitsspruch übersetzte Rudolf Steiner auf die nachfolgende Weise:

> Urselbst,
> Von dem alles ausgegangen,
> Urselbst,
> Zu dem alles zurückkehrt,
> Urselbst,
> Das in mir lebt –
> Zu dir strebe ich hin.[7]

Aus geisteswissenschaftlicher Sicht bedeuten die Ereignisse – oder vielmehr Prozessvollzüge – der Geburt (bzw. der Konzeption) und des Todes nur «Umwandlungen», die ein Wesen gestaltet und durchschreitet, auf seinem individuellen Weg.[8]

*

Dem Begriff der «Ungeborenheit» wollte Rudolf Steiner zur Anerkennung verhelfen; er sprach oft davon, dass dieser Begriff

– oder dieses Wort in der deutschen Sprache – «erobert» werden müsse[9], der Zeit- und der Wissenschaftsentwicklung unbedingt «abzuringen» sei[10]:

> Das Wort «ungeboren» brauchen wir; das muss ebenso ein gangbares Wort sein in den Kultursprachen, wie das Wort «unsterblich», das die Sprachen schon haben.[11]

Man kann ahnen und immer besser verstehen, was Rudolf Steiner damit meinte und warum ihm diese Entwicklung vordringlich war – in der Anerkennung der menschlichen Individualität und ihres sinnvollen, je besonderen Weges zur Erde. Der Einwand, dass ein eingeführtes Wort oder ein neu gebrauchter Begriff den schwierigen, ja, abgründigen Tendenzen auf verschiedenen Lebensgebieten nicht wirksam entgegentreten könne – Tendenzen, die auf die reale Aufhebung der menschlichen Individualität abzielen, diese leugnen und ihre Entfaltung verhindern –, ist berechtigt, aber nur bedingt zukunftsfördernd. Im klaren Bewusstsein dieser vielfältigen Gefahr wies Rudolf Steiner auf die Bedeutung der Sprache, ihres Geistes und Gehaltes hin, auf dasjenige, was in der Sprache gedacht und zum Ausdruck gebracht wird – entgegen anderen Kräften und Gewalten.[12] Das Wort, der Begriff der «Ungeborenheit» oder des «Ungeborenseins» sollte mit dem 20. Jahrhundert in die Kultur und Zivilisation einziehen – als wesentlicher Aspekt eines anderen Denkens über den Menschen. Gelingt dieses Denken und gewinnt es die anthropologische Dimension des menschlichen Daseins zurück, der größeren und eigentlichen Lebens-Geschichte, wird es zu einem realen Wissen, einer Weisheit vom Humanen (Anthropo-Sophie), dann wandelt sich die Welt, die Einstellung zu ihr und das mit dieser Einstellung handelnd Verbundene.

Werden Kinder, ja, bereits Neugeborene als Individualitäten betrachtet, die am Beginn ihrer – selbstgewählten und bewusst (oder vielmehr überbewusst) angetretenen – Erdenbiographie stehen, d. h. aus einem Rückraum der geistigen Welt mit spezifischen

Vorerfahrungen und Aufgaben kommen, so hat dies Konsequenzen – für den Umgang mit ihnen, aber auch für den Umgang mit dem eigenen Selbst, das unter den gleichen Voraussetzungen angetreten ist. Die Frage nach der menschlichen Unsterblichkeit und dem Leben nach dem Tode weist häufig eine egozentrische Qualität vor; an diese appellieren religiöse Konfessionen und füllen ihre Kirchen, worauf bereits Rudolf Steiner wiederholt hinwies. Die Frage nach der «Ungeborenheit» kann diese Einseitigkeit überwinden; sie thematisiert in erster Linie die Herkunft der Kinder – in dem Versuch, ihrem individuellen Sein gerecht zu werden, dieses wahrzunehmen und zu begleiten. In selbstloser Ausrichtung formuliert und betrachtet sind *beide* Themen – oder Grenzerfahrungen – existentiell und essentiell; sie fragen dann nicht nur nach dem Eigenen, sondern auch – und vielleicht in erster Linie – nach dem Sein des Anderen, nach seinem besonderen Weg, dessen tieferes Verständnis Teil einer zukünftigen Gemeinschaft mit ihm ist. Darin kann die Beschäftigung mit der «Ungeborenheit» beispielhaft vorangehen.

*

Der nachfolgende Aufsatz ist das – etwas erweiterte – Autoreferat eines Vortrages, den ich auf Einladung des Vereins «Geburtshaus an der Ita Wegman Klinik» (Arlesheim) am 5. Mai 2009 im Therapiehaus der Klinik hielt, zur Unterstützung jener Hebammen, die unter schwierigen finanziellen Bedingungen die Existenz einer geburtshilflichen Abteilung vor Ort aufrechtzuerhalten versuchen, eine Abteilung, deren Begründung Ita Wegman drei Jahre vor ihrem Tod angeregt hatte: «Es ist dieses doch etwas, was Dr. Steiner als Ideal vorschwebte, die Kinder, die zur Welt kommen, in der richtigen Art zu empfangen, womit auch die Besserung der Menschheit zusammenkommt.» (26.6.1940[13]) Der Vortrag hatte einführenden Charakter und beleuchtete lediglich einige der von Rudolf Steiner so differenziert beschriebenen Inhalte, die mit dem vorgeburtlichen – oder vielmehr präkonzeptionellen – Leben des Menschen verbunden sind und die in einer umfassenden Monographie zu einem späteren Zeitpunkt dargestellt werden sollen.[14] Bereits mit einzelnen der von Rudolf Steiner geisteswissenschaftlich eröffneten Inhalte oder Motive zu leben, sie im Inneren zu bewegen, aber kann wesentlich werden – in der Bemühung, den verlorenen Begriff der «Ungeborenheit» wieder und in neuer Weise mit Substanz zu erfüllen und ihm zunehmend Rechnung zu tragen. Eine solche Initiative wird, meines Erachtens, nicht von Theologen, Philosophen, Psychologen oder Ethikkommissionen, sondern primär von jenen Menschen auszugehen haben, die im näheren Umraum des Geburtsmysteriums leben – von Ärzten, Hebammen und Eltern, die über eigene, intuitive Einsichten verfügen und Träger eines anderen, oftmals viel konkreteren Wissens sind, das bis zum richtigen «Namen» des Kindes reichen kann. Ihnen ist die kleine Studie gewidmet. *«Denn zu fragen ist / Nach den stillen Dingen, / und zu wagen ist, / will man Licht erringen.»* (Christian Morgenstern[15])

Ich danke Elisabeth Lindenmaier und den Arlesheimer Hebammen vom «Verein Geburtshaus an der Ita Wegman Klinik» für die Vortragseinladung – sowie Walter Schneider, der eine Reproduktion der Sixtinischen Madonna für den Abend zur Verfügung stellte, ein Bild, das dem Vortrag seinen besonderen Charakter, seine Stimmung und seinen Geist verlieh. 1943 schrieb Theodor Hetzer inmitten des Zweiten Weltkriegs, im Todesjahr Ita Wegmans: Es komme im Hinblick auf das Bildnis der Sixtinischen Madonna darauf an, «ob wir imstande sind, uns anschauend und verstehend mit seiner Existenz, seiner sinnlich-geistigen Wesenheit zu erfüllen»[16]. Man kann mit Staunen erfahren, wie viel Rudolf Steiners geisteswissenschaftliche Darstellungen zu diesem Vorgang beizutragen vermögen.

Ita Wegman Institut, Arlesheim *Peter Selg*
Mai 2009

1.

Die «Sixtinische Madonna» und der «Chor der Ungeborenen»

Raffael und Nelly Sachs

Die höchste Liebe
wie die höchste Kunst
Ist Andacht.

Johann Gottfried Herder [17]

Raffael: Die Sixtinische Madonna, 1512/13

Raffaelo Santi malte die «Sixtinische Madonna» im Winter 1512/13 in Rom, 30-jährig, für die neu gebaute, im Vorjahr geweihte Kirche des Benediktinerklosters San Sisto – «für die schwarzen Mönche in Piacenza»[18], als Hochaltar- und damit «Kultbild» (Hetzer[19]). Der zurückgezogene Vorhang der «Sixtinischen Madonna» eröffnet den Raum einer Epiphanie, einer Vision, die – so Theodor Hetzer – «aus der Entelechie Raffaels entstanden» ist[20], als ein Bild der Andacht, als ein Kunstwerk, das dem Kultus zugehörte und hinter einem Altar hing, dem Ort des sakramentalen Christus-Geschehens. *«Die höchste Liebe wie die höchste Kunst / Ist Andacht»*, schrieb der Theologe Herder in seinem Sixtina-Gedicht[21], und auch die Gestalten zur Linken und Rechten, Sixtus II. und die heilige Barbara (denen der Hochaltar von San Sisto geweiht war), befinden sich in Andacht zur Madonna und dem Kind, wenn auch in polarer Weise (in «exoterischer Dualität»[22]), auf- und niederschauend.

Carl Gustav Carus, der in Dresden zu den intensivsten Betrachtern der Sixtinischen Madonna gehörte, sprach von der *Allgegenwärtigkeit* ihrer Gestalten («wo wir den Blick hinwenden – überall stehen uns die Gestalten Auge in Auge rein gegenüber»[23]); wie mancher vor und nach ihm umkreiste Carus in seinen Studien die mystisch-visionäre Kraft bzw. Qualität der Schöpfung Raffaels, das «Erscheinende» des Werkes (Hetzer[24]), und sprach von seiner besonderen Entstehung: «Das Bild trägt durch und durch den Charakter eines aus innerem Geistesdrange schnell entworfenen und in *einer* Folge der Begeisterung rasch durchgeführten Werkes. Rein und groß schwebten die Gestalten vor Raffaels Phantasie, und ebenso sind sie, scheinbar mühelos und entschieden, auf die Leinwand übertragen worden.»[25] Die Komposition des Ganzen sei «von der höchsten Eurhythmie», hob Alfred von Wolzogen 1865 hervor[26], und noch 1955 schrieb Marielene Putscher über die besondere Wirkung des Bildes:

> Das Bild wirkt in einer Weise unmittelbar wie kaum ein anderes Werk Raphaels, wie überhaupt Gemälde sonst selten: *unmittelbar wie eine Handzeichnung*, und kann doch im nächsten Augenblick wieder wie in unendliche Ferne entrückt erscheinen, in einen Bereich der Vollkommenheit, der dem Menschlichen schlechthin entzogen scheint: *vollkommen wie überhaupt nicht von Menschenhand gemacht.*[27]

Zwölf Jahre vor Marielene Putscher, 1943, hatte Theodor Hetzer über das Bild gesagt:

> Wir fragen nicht danach, wie Raffael es gemalt hat – es sind ja auch keine Zeichnungen und Entwürfe dazu bekannt geworden –, es steht vollendet vor uns, Gestalt gewordenes Schauen, Gestalt gewordener Geist und eben darum *wirklicher*, als was sonst auf Leinwand durch Farben Gestalt wird.[28]

*

Im bildlichen Zentrum der Sixtina steht die Madonna, die das Kind trägt – in einer markanten Weise des Hervortretens, aus dem Reich der Himmel. Herman Grimm wies darauf hin, dass das leichte Dahinwandeln der Madonna ein Schweben und Gehen zugleich ist, mit bloßen, die Wolken berührenden Füßen und auf einem Weg, «der nicht fest und doch eine Straße ist»[29]. Wiederholt – so u. a. von Karl Morgenstern, Herman Grimm und Theodor Hetzer – wurde darauf aufmerksam gemacht, dass die Mantelfalte von Sixtus II. und die Wolkenschatten eine Rundung bilden, die das Bild der Erdkugel evoziert – «es schwingt die Vorstellung der Erdkugel mit, die von Marias Füßen berührt wird» (Hetzer[30]). Maria, die von einem hellen, ausstrahlenden Licht umgeben ist, trägt das Christus-Kind aus der geistigen Himmelssphäre *zur Erde*, in tiefem Ernst und mit Liebe – hinein in eine abgründige

Welt, die es erwartet. («Sie trägt zur Welt ihn: und er schaut entsetzt / In ihrer Gräu'l chaotische Verwirrung, / In ihres Treibens nie geheilte Thorheit, / In ihrer Qualen nie gestillten Schmerz», dichtete Arthur Schopenhauer zu Beginn seines Gedichtes «Auf die Sixtinische Madonna.»[31]) Nach Herman Grimm empfangen Sixtus II. und die heilige Barbara – die beide im 3. Jahrhundert als urchristliche Märtyrer starben und deren Reliquien im neunten Jahrhundert ins Kloster Piacenza gelangten – die Madonna und ihr Kind vorab, «einige Stufen» in die Sphären des Himmels emporgestiegen, als Vorposten der wartenden Menschheit.[32]

Der Blick Marias und des Kindes ist von tiefem Ernst, aber auch von Liebe gezeichnet; von einer Hinwendung zur Welt, die in sich selbst ruht und in dieses Selbst zurückkehrt, im Gestus der Kontemplation und eines tieferen Wissens – um die Vergangenheit, Gegenwart und Zukunft. Wilhelm Kelber sprach vom «Weltenernst» in den Augen und im Antlitz des Christus-Kindes – nach Gustav Carus liegt «die höchste geistige Macht des Bildes in dem unbeschreiblichen Blick dieser wunderbaren Augen»[33]. Aus dem Blick des Kindes strahle «überirdische Kraft», betonte auch Theodor Hetzer[34]; über seine gesamte Haltung schrieb Herman Grimm in einer Betrachtung zur Sixtina:

> Uns ist, als läse es aus der freien Luft sein zukünftiges Schicksal und überlegte, als ob, was ihm doch erst noch ferne bevorsteht, schon erlitten und überwunden sei. Nicht, wie bei dem Christkind der Madonna della Sedia, scheinen Träume es noch zu umschweben, sondern die Voraussicht einer unabwendbaren furchtbaren Zukunft es schon zu erfüllen mit dem Entschlusse, über sich zu nehmen, was sie enthält. Wie das Kind aber dasitzt, als beschwerte es die Mutter gar nicht, obgleich es in Formen gehalten ist, die über die des frühesten Daseins weit hinausgehen, wie es die Hand auf den Fuß des

> bequem überschlagenen Beines legt, hat es die Haltung eines denkenden Mannes. Auch hier verstärkt Raphael mit einem Gegensatz diesen Eindruck: die beiden Engel in der Tiefe stellen das gedankenlose Wohlsein der Kindheit dar. Sie tun nichts, sie wollen nichts, sie wissen noch nichts von Vergangenheit und Zukunft, sie flattern umher im Sonnenschein, um mit ihrem Lächeln anzuzeigen, dass Glück bevorstehe, oder mit ihren Tränen das Gegenteil, für die Dauer eines Augenblickes aber nur; während in der Stirn des Christuskindes das Überdenken von Jahrtausenden zu wohnen scheint.[35]

Für Theodor Hetzer verhalten sich die Gesichter des Christuskindes und der Madonna zueinander wie «Sonne und Mond»[36]; sie sind eng aufeinander bezogen und stehen, trotz ihrer Differenz, in wesenhafter Verbindung zueinander. Alfred von Wolzogen schrieb in seinem Raffael-Buch 1865: «Soll ich noch eines Zugs [der Sixtina] gedenken, der mir persönlich bei Beschauung des Gemäldes immer ganz besonders ergreifend erschienen, so ist es die rührende, echt menschliche Familienähnlichkeit, die sich in dem Antlitz der Maria und des Kindes ausspricht, ohne dadurch die totale Verschiedenheit des geistigen Ausdrucks beider Köpfe im Geringsten zu beeinträchtigen [...].»[37] Trotz ihrer innigen Nähe zueinander und trotz der mittigen Position Marias liegt das geistige Zentrum des Bildes im *Kind* – das die Mutter umhüllt und heranträgt, als den der Erde nahenden Christus. «Das unbedingt Beherrschende wird hier trotz seiner Kindesgestalt der Christus; die Madonna dagegen scheint völlig selbstlos keine eigenen Gefühle zu hegen, sondern wie eine Art tragende, schützende Hülle des Gotteskeims ganz von dem zu leben, den sie umfängt.» (Wilhelm Kelber[38]) Der Oberkörper Marias – mitsamt ihres Schleiers – und das Kind bilden eine vollendete Herzform.

*

Das Bildnis der Sixtinischen Madonna ist christologisch oder christozentrisch – und handelt von der Christusankunft auf Erden, als Sohn der Maria. Darin jedoch lebt in urbildlicher Weise auch das Geheimnis *jeder* Menschwerdung – in allgemeiner Wendung betonte Herder: «Jede der Madonnen, fast jede der Gestalten Raffaels ist von einem Geiste durchhaucht, der allenthalben, im Widerstrebenden selbst, die Anlage der Menschennatur, die man den Engel im Menschen genannt hat, zeiget.»[39] Herder nannte die Gestalten Raffaels «Denkbilder reiner Formen der Menschheit» – und viele Betrachter der Sixtina schrieben über das «wunderbare Geheimnis der Kindheit» (Schlegel), das in dem «göttlichen Kind» (Carus) – durch die göttliche Präsenz «in kindischer Hülle» – zur Offenbarung komme: «Das Geheimnis der Vermischung beider Naturen scheint mir in dem wunderbaren Geheimnis der Kindheit überhaupt am besten gelöset, die so grenzenlos in ihrem Wesen wie begrenzt ist.» (Schlegel[40]) Hegel betonte:

> So sind Raffaels Christuskinder, besonders das der Sixtinischen Madonna in Dresden, vom schönsten Ausdruck der Kindlichkeit, und doch zeigt sich in ihnen ein Hinausgehen über die bloße kindliche Unschuld, welches ebensosehr das Göttliche in der jungen Hülle gegenwärtig sehen als auch die Erweiterung dieser Göttlichkeit zur unendlichen Offenbarung ahnen lässt, und zugleich wieder im Kindlichen die Rechtfertigung enthält, dass solche Offenbarung noch nicht vollendet dasteht.[41]

In diesem Sinne ist das Christuskind der Sixtina Kindheits- und Menschheits-Repräsentant; das Bildnis zeigt das Mysterium der Menschwerdung – des begleiteten Einzugs göttlich-geistiger Kräfte in die Kräftesphäre der Erdenwelt.[42] «*Wie aus den Wolken heruntergeholt und in die Arme gefasst, so erscheint uns dieses Kind, nicht wie vom Weibe geboren.*» (Rudolf Steiner[43]). Die Wolken auf dem Bild der Sixtina stellen, so Rudolf Steiner, «*eigentlich lauter Kinder dar»* – «so dass man die Vorstellung haben kann, aus den Wolken herunter habe die Madonna, gewissermaßen durch eine Verdichtung der dünneren Substanz, das Jesuskind empfangen.»[44] «Es ist, wie wenn sich aus den Wolkengebilden eine der Engelgestalten verdichtet hätte und heruntergestiegen wäre auf den Erdboden, aber alles wunderbar ins Geistige gehoben.»[45] Am 30.1.1913 sagte Rudolf Steiner in Berlin:

> Wie sie uns da entgegentritt als eines der herrlichsten, edelsten Kunstwerke der Menschheitsentwickelung, wie uns da die Mutter mit dem Kind erscheint, heranschwebend auf Wolkenhöhen, welche die Erdkugel überdecken, aus dem Unbestimmten, möchte man sagen, der geistig-übersinnlichen Welt heranschwebend, von Wolken umkleidet und umringt, die sich wie von selbst zu menschenähnlichen Gestalten formen, von denen eine, wie verdichtet, dem Kinde der Madonna ähnlich ist ...[46]

Es handelt sich, so Rudolf Steiner, bei der Sixtina um die Darstellung einer über-leiblichen Geburt – einer «Geburt des *Seelischen* aus dem Wolkenäther»[47], nicht jedoch um den Aspekt der Inkarnation. Auch Wilhelm Kelber schrieb:

> Dieses Kind ist nicht geboren. Oder besser gesagt, nicht das Geborene an ihm ist hier gemeint und dargestellt. Es ist aus der Wesenswelt, die es hier auf dem Bilde sichtbar umgibt, auf den Arm der Madonna gekommen.[48]

So verstanden, enthüllt die Sixtinische Madonna am Christus-Urbild ein Wesens-Geheimnis menschlichen Daseins – den Weg seines Seelisch-Geistigen zur Erde, in der Hut und in der Geleitung mütterlicher Kräfte, in der Dynamik einer wissenden Ankunft, die ihren Ursprung in anderen Sphären hat. Die Sixtinische Madonna Raffaels bringt den besonderen Weg des Christus zum

Vorschein, ist von ihm (als dem «höheren» oder «göttlichen Ich» der Menschheit[49]) bestimmt und gestaltet; sie ist damit zugleich *«ein Sinnbild des ewig Überirdischen im Menschen, das an die Erde eben aus dem Außerirdischen herankommt und unter sich noch, durch Wolken getrennt, alles das hat, was nur aus dem Irdischen hervorgehen kann»*. (Rudolf Steiner[50]) Carl Gustav Carus nannte die Sixtinische Madonna das «erste Bild der Welt»[51].

Am 18. April 1926 schrieb der junge Priester Eduard Lenz aus Dresden an seine Frau Friedel Lenz:

> Weißt Du, in Wahrheit ist die Sixtina ganz anders, als man sie sich oft vorstellt. Was ich erlebt habe, ist, dass man durch den geöffneten Vorhang in der Imagination hinschaut in die Welt der ungeborenen Seelen. Aus der blauen Farbe selbst heraus schauen die Wesen einen an. Sie rinnen zusammen in die wunderbar zarte irdisch-überirdisch schöne Gestalt der Jungfrau, die das Kind trägt. Es ist ein wahrhaftes Sonnenkind. Ein Blick, wie es ihn auf der Erde nicht gibt, ist der Blick des Kindes. Die Jungfrau, die das Sonnenkind auf dem Arm trägt, hat etwas eigenartig Erschütterndes. Ihr Gang hält ein wunderbares Gleichgewicht von jungfräulicher Erdgelöstheit und mütterlich-zarter Erdverbundenheit. Ihr Antlitz hat nicht nur das unberührt reine Himmlische, es ist ein merkwürdiger Zug von großer Erfahrung in dem Gesicht. Die Augen leuchten in strahlender Ruhe und Liebe – sie blicken auch wie aus Welten von Schmerz. Die Augen der Madonna sind wie die Augen von Rudolf Steiner. Erinnere Dich, wie er manchmal so schwer die Lider hob und wie einen dann aus dem warmen dunklen Braun der Augen ein Blick unendlicher Güte traf, aus einem geopferten Leben. Dann weißt Du, wie Raphaels Madonna blickt. Es sind

wirklich die Augen der Sophia, der Welten-Weisheit, zusammengeronnen aus den Welten mütterlicher Ätherkräfte. An diesen Schmerz, an das überwundene Leid, gemahnt auch der braun-graue Schleier, den die Madonna um das Haupt trägt. Seltsam steht diese Farbe in diesem Bild. Der Fluch von Leid und Finsternis auch in diesem Bild, das doch lauter Leuchteglanz ist. Ich will noch oft zu dem Bild. Die Weltgeheimnisse selber schauen einen an.[52]

Die Sixtinische Madonna wurde – wie viele andere Kunstschätze – nach dem Beginn des Zweiten Weltkriegs aus der Gemäldegalerie entfernt, lagerte für Jahre in der Meissner Albrechtsburg und dann, ab dem 15. Dezember 1943, im Eisenbahntunnel von Groß-Cotta in der Sächsischen Schweiz, dem «Bergungsort T».[53] Die Bombenzerstörung Dresdens am 13. Februar 1945 überstand die Sixtina unversehrt – die beiden Töchter des Priesters Eduard Lenz, Sophie und Ruth, starben dagegen unter den Trümmern. Auch Eduard Lenz verlor sein Leben noch im November 1945 als sowjetischer Kriegsgefangener, in einem Viehwagen auf dem Heimtransport aus den Kohlegruben am Baikalsee.

*

Ein dreiviertel Jahr später, im Sommer 1946, schrieb in Stockholm, im Haus der jüdischen Gemeinde – dem Ort von Flüchtlingen und Überlebenden –, Nelly Sachs einen Gedichtzyklus von dreizehn «Chören» nieder, den sie die «Chöre nach der Mitternacht» nannte. Er erschien 1947 in Ostberlin, in ihrem ersten Gedichtbuch *In den Wohnungen des Todes*, das sie «meinen toten Brüdern und Schwestern» widmete. Vor dem abschließenden Gedicht des Zyklus' «Stimme des Heiligen Landes» ließ Nelly Sachs die dreizehn Chöre erklingen, die Zeugen des Geschehenen. («In den Chören kommt zu Wort, was nach der Shoah übrig blieb, nämlich die versehrten, zerstörten und verwaisten Dinge und Menschen.»[54]) Es waren dies der Chor der verlassenen Dinge, der Chor der Geretteten, der Chor der Wandernden, der Chor der Waisen, der Chor der Toten, der Chor der Schatten, der Chor der Steine, der Chor der Sterne, der Chor der unsichtbaren Dinge, der Chor der Wolken, der Chor der Bäume, der Chor der Tröster und schließlich – an dreizehnter Stelle – der *Chor der Ungeborenen:*

Chor der Ungeborenen

Wir Ungeborenen
Schon beginnt die Sehnsucht an uns zu schaffen
Die Ufer des Blutes weiten sich zu unserem Empfang
Wie Tau sinken wir in die Liebe hinein.
Noch liegen die Schatten der Zeit wie Fragen
Über unserem Geheimnis.

Ihr Liebenden,
Ihr Sehnsüchtigen,
Hört, ihr Abschiedskranken:
Wir sind es, die in euren Blicken zu leben beginnen,
In euren Händen, die suchende sind in der blauen Luft –
Wir sind es, die nach Morgen Duftenden.

Schon zieht uns euer Atem ein,
Nimmt uns hinab in euren Schlaf
In die Träume, die unser Erdreich sind
Wo unsere schwarze Amme, die Nacht
Uns wachsen lässt,
Bis wir uns spiegeln in euren Augen
Bis wir sprechen in euer Ohr.

Schmetterlingsgleich
Werden wir von den Häschern eurer Sehnsucht gefangen –
Wie Vogelstimmen an die Erde verkauft –
Wir Morgenduftenden,
Wir kommenden Lichter für eure Traurigkeit.[55]

Als die «Seelen der Ungeborenen» hatten viele Betrachter der Sixtinischen Madonna – so auch Eduard Lenz – die Gesichter der Kinder im geistigen Rück- und Umraum des Bildes erlebt, nicht als Engel, sondern als Menschenseelen vor Antritt des Erdenseins, der Lebens-Geschichte; *«eigentlich lauter Kinder»* stellen die Wolken der Sixtina dar, sagte Rudolf Steiner, *«es sind die Scharen der Ungeborenen, welche die Madonna ins Leben zieht»*, schrieb Oswald Spengler.[56] Nun, in der Mitte des 20. Jahrhunderts und nach dem Abgrund der Zerstörung, schrieb eine jüdische Überlebende vom Sein dieser «Ungeborenen» und vom Weg zur Geburt, den Nelly Sachs (im Unterschied zu Raffael) bis in die Sphäre des Leibes, der Physiologie hinein verfolgte. Sie sprach von den sich weitenden «Ufern des Blutes» und vom Wachsen in der Nacht des mütterlichen Leibes, in Verborgenheit. Die Seelen der Ungeborenen werden in die Sphäre der Erde gezogen, durch die Sehnsuchtskräfte der liebenden Menschen, ihrer *Inspiration* («schon zieht uns euer Atem ein»). Die Sehnsucht der Eltern ist bildend, gestaltend («schon beginnt die Sehnsucht an uns zu schaffen»); so beginnt schöpferisch ein Neues im Bereich des Menschen, ein «kommendes Licht», trotz der geschichtlichen Schwere, der Last der Zeit. Die «nach Morgen duftenden» Ungeborenen kommen zur Erde, in den Bereich des Sicht- und Hörbaren, in die Sphäre irdischen Lebens und menschlicher Begegnung, zwischen Ich und Du. («Bis wir uns spiegeln in euren Augen / Bis wir sprechen in euer Ohr.»)

Unmittelbar nach dem Zweiten Weltkrieg wurden Kinder geboren, in die zerstörten Städte und mitgenommenen Familien hinein, in die «Schatten der Zeit» und ihre «Traurigkeit». Nelly Sachs kannte die Situation zahlreicher Neugeborener, deren Väter im Krieg geblieben waren und die dennoch zur Erde kamen; sie wusste zugleich um viele Kinder, die noch inmitten des Krieges zur Erde gefunden hatten, unter schwierigsten Umständen – allein im Konzentrationslager Auschwitz, in den Pferdebaracken von Birkenau, wurden 3000 Kinder geboren, von denen nur wenige mehr als einige Tage lebten. Den «Chor der Ungeborenen», den Chor der «Morgenduftenden» ließ Nelly Sachs 1946 sprechen, angesichts der vergangenen Zeit und der kommenden, bereits angebrochenen Zukunft.

Die Sixtinische Madonna und der «Chor der Ungeborenen» sprechen – in Farbe und Wort, Gestalt und Ton – vom Weg der Menschenseele zur Erde, vom Geheimnis der Menschwerdung. Raffaels Bildnis handelt vom Christus-Weg, als dem Repräsentanten der Menschheit – von einem Weg zur Erde und in die Sphäre des Todes, der bewusst gegangen wurde, im Wissen um das kommende Leiden und seinen tieferen Sinn, dessen Bejahung und Überwindung zum Kennzeichen des Mysteriums von Golgatha wurde. Auch Nelly Sachs schrieb auf ihre Weise von und aus der Sphäre der Ungeborenheit, des herabsinkenden, von der Erde ersehnten «Taus», des kommenden, von den Menschen in Liebe hereingezogenen Lichtes. Sie hatte einen ausgebildeten Ich- und Individualitätsbegriff[57], der jedoch keinen Eingang in ihr Gedicht fand; dies betonte die Empfängnis als eine Antwort auf die Sehnsucht der Menschen auf Erden, der «Hiesigen» (Rilke), eine Sehnsucht, der sich die Ungeborenen – so Nelly Sachs – fügen («schmetterlingsgleich / werden wir von den Häschern eurer Sehnsucht gefangen»).

Vom *willentlichen* Weg der Ungeborenen zur Erde, von der individuellen Schicksalsdimension jeder ankommenden, sinnvoll auf der Erde geborenen Menschenseele sprach im 20. Jahrhundert dagegen Rudolf Steiner, dessen anthroposophisches Lebenswerk Nelly Sachs – über ihre Freundin und Lebensretterin Gudrun Dähnert – kannte, auch im Hinblick auf seine Inkarnations- und Reinkarnationslehre.

*

2.

Die Menschenseele und der Kosmos

Vom Leben vor der Empfängnis

Aber das, was wachsen kann durch eine solche Anschauung über das, was sich mit dem Menschen zwischen Tod und neuer Geburt abspielt, ist das menschliche Verantwortungsgefühl, das ihm sagt: Man muss schon recht sehr sich bestreben, es auch im irdischen Leben wert zu sein, ein Mensch zu sein, wenn man die ganze Bedeutung des Menschseins ermisst an dem, was für die Götter das Arbeiten am Menschen zwischen Tod und neuer Geburt ist.

Rudolf Steiner[58]

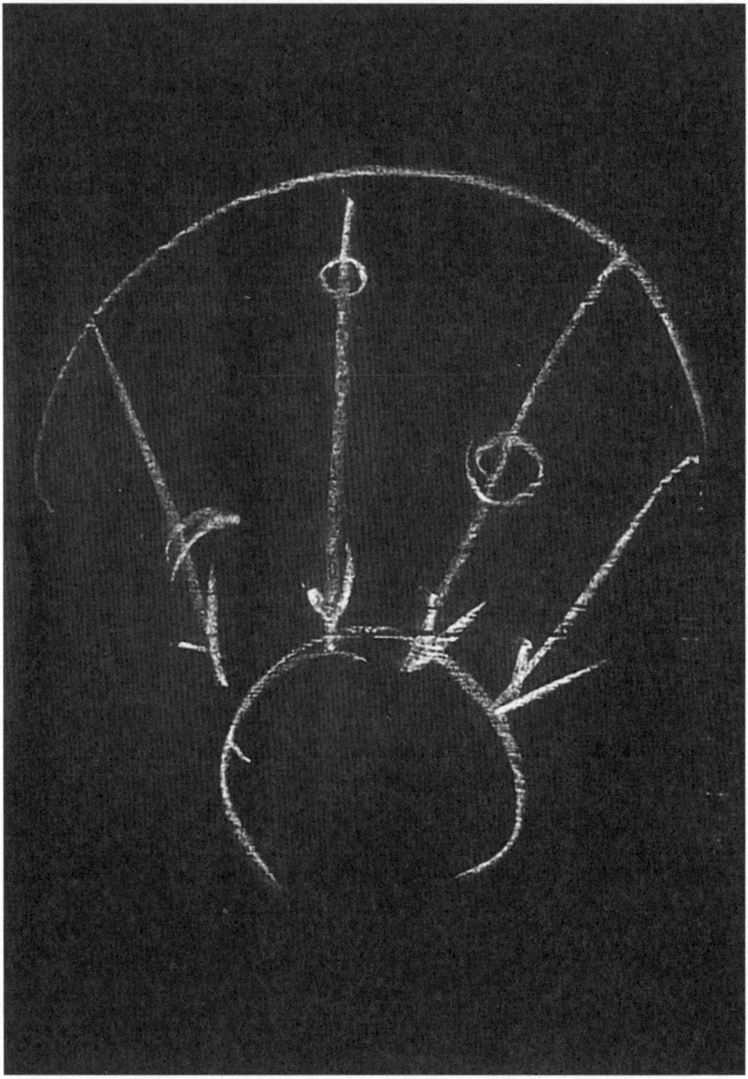

Rudolf Steiner: Wandtafelzeichnung. Dornach, 4.1.1924.
Aus: Rudolf Steiner, Wandtafelzeichnungen zum Vortragswerk, Band 23, Seite 14, Ausschnitt. © Rudolf Steiner Archiv, Dornach

Das ist der radikalste Gedanke, der in die Gegenwartsmenschheit einschlagen muss, dass der Mensch sein physisches Leben nicht bloß als Vorbereitung für das Leben nach dem Tode anzusehen hat, sondern dass er es anzusehen hat auch als Fortsetzung eines geistigen Lebens vor der Geburt. Dann wird er aus einem faulen Menschen, der nichts tun will, ein Mensch, der sich bewusst ist, dass er auf der Erde etwas auszuführen hat, dass er eine Mission hat. Ehe nicht dieser Gedanke die Menschen durchdringen kann, kann es nicht anders werden, als dass die Menschen in den Materialismus hineinversinken.[59]

Das Ich, das *Grund-Ewige* des Menschen, ist, so Rudolf Steiner, nicht nur einmal auf Erden, sondern oft – schicksalserleidend und -bildend, im Vollzug seiner weiteren Ausbildung und im Ausgleich dessen, was in der Vergangenheit noch nicht gelang, im Zwischenraum von Ich und Du, in der Arbeit auf Erden.

Anders als im 21. Jahrhundert war der Reinkarnationsgedanke zu Lebzeiten Rudolf Steiners noch kaum gesellschaftsfähig; dennoch gehörte die Ausarbeitung, Formulierung und Vertretung einer hochdifferenzierten Lehre der Inkarnation und Reinkarnation zu seinen innersten Lebens- und Wirkensaufgaben. «Wiederverkörperung und Karma und ihre Bedeutung für die Kultur der Gegenwart», so überschrieb Rudolf Steiner Vorträge zu dieser Thematik – und in seinem grundlegenden Werk *Theosophie* publizierte er bereits 1904 ein bemerkenswertes Kapitel, dem er den Titel «Wiederverkörperung des Geistes und Schicksal (Reinkarnation und Karma)» gab und in dem es – am Ende einer ebenso subtilen wie umfassenden Schilderung – abschließend hieß:

Dreierlei bedingt den Lebenslauf eines Menschen innerhalb von Geburt und Tod. Und dreifach ist er dadurch abhängig von Faktoren, die *jenseits* von

> Geburt und Tod liegen. Der Leib unterliegt dem Gesetz der *Vererbung*; die Seele unterliegt dem selbstgeschaffenen *Schicksal*. Und der Geist steht unter dem Gesetze der *Wiederverkörperung*, der wiederholten Erdenleben.[60]

Die Individualität des Menschen, seine individuelle Geistigkeit, wendet sich wiederholt zur Erde und inkarniert sich in einen Leib, in eine Familie, in ein Land und eine Zeit; inkarniert vollzieht das Ich seine Erdenbiographie, in Erlebnissen und Erfahrungen, die Teil seines Schicksals sind, dieses aber auch neu schaffen, im geistig-seelischen Dasein. Auf Erden wiederkehrend sucht die Seele die ausgleichenden und korrigierenden Erfahrungen auf, die Ergebnisse und Folgen ihres letzten Erdenseins, mithin die Menschen, mit denen sie einst zusammen war, um mit und an ihnen aktiv tätig zu werden, in der Gestalt der Beziehung und in gemeinsamer Arbeit: «Menschen, mit welchen die Seele in einem Leben verbunden war, wird sie in einem folgenden Leben wiederfinden müssen, weil die Taten, welche zwischen ihnen gewesen sind, ihre Folgen haben müssen. Wie die eine Seele, werden auch die mit dieser verbundenen in derselben Zeit ihre Wiederverkörperung anstreben. Das Leben der Seele ist somit ein Ergebnis des selbstgeschaffenen Schicksals des Menschengeistes.» (Rudolf Steiner[61]) *«Was jetzt Sehnsucht ist, wird Wille, / was jetzt Wille, wird einst Kraft / nach der großen, reichen Stille. // Kraft, die das Gewollte schafft, / Wille, der aus diesem Schaffen / abermals uns weiter rafft.»* (Christian Morgenstern[62])

Der Menschengeist, so Rudolf Steiner, ist auf der Erde, um auf ihr Erfahrungen aktiv sammeln und Wandlungsprozesse durchlaufen zu können, die nur irdisch zu leisten sind; diese Entwicklung und Reifung ist das Ziel seines Erdenseins, die Aufgabe und der Inhalt seiner Inkarnation – eine Entwicklung, die sich durch Freud und Leid ereignet, im Vollzug der Arbeit, des sinnvollen Tätigseins, der mitmenschlichen Begegnung. Zu den Lehrern der Stuttgarter Waldorfschule sagte Rudolf Steiner einmal:

Wir wollen arbeiten, indem wir einfließen lassen in unsere Arbeit dasjenige, was aus der geistigen Welt heraus auf seelisch-geistige Weise und auch auf leiblich-physische Weise in uns Mensch werden will.[63]

*

Rudolf Steiner beschrieb, dass lange Zeiträume zwischen zwei Inkarnationen einer Individualität liegen, viele Jahrhunderte, oft länger als ein Jahrtausend. Die individuelle Geistseele kehrt erst wieder, wenn sich die Bedingungen auf Erden grundlegend gewandelt haben, die Kultur und die Lebensformen der Zivilisation, innerhalb derer sich die Biographie in neuer Weise gestalten kann und soll. Zwischen den Inkarnationen lebt die Individualität des Menschen im Kosmos – nicht im physikalisch verstandenen leeren «Welt-Raum», sondern in der reinen Zeitlichkeit, in anderen Kräfte- und Begegnungssphären, die von einer hohen Geistigkeit bestimmt und geprägt sind.

Die Lösung aus den Erdzusammenhängen durch das Todesereignis des letztgelebten Lebens ist nicht einfach und bedarf einer langen «Entwöhnung». Rainer Maria Rilke dichtete Anfang des Jahres 1912 in Schloss Duino:

Freilich ist es seltsam, die Erde nicht mehr zu bewohnen,
kaum erlernte Gebräuche nicht mehr zu üben,
Rosen, und andern eigens versprechenden Dingen
nicht die Bedeutung menschlicher Zukunft zu geben;
das, was man war in unendlich ängstlichen Händen,
nicht mehr zu sein, und selbst den eigenen Namen
wegzulassen wie ein zerbrochenes Spielzeug.
Seltsam, die Wünsche nicht weiterzuwünschen. Seltsam,
alles, was sich bezog, so lose im Raume
flattern zu sehen. Und das Totsein ist mühsam
und voller Nachholn, dass man allmählich ein wenig
Ewigkeit spürt. –[64]

Rudolf Steiner beschrieb aus seiner geisteswissenschaftlichen Forschung heraus diesen Vorgang im Einzelnen, detailliert und genau[65] – das sich «Entreißen» des Menschen von der Erde[66], auch den Vorgang des «Nachholens» (Rilke). Tatsächlich durchläuft die Menschenseele in der ersten, oft Jahrzehnte langen Phase nach dem Erdentod ihre Biographie noch einmal, in rückwärtsgewandter Orientierung, im erinnernden Leben vom Tod bis zur Geburt – jedoch aus der Perspektive der Anderen, der Mitwelt, jener Menschen, in deren Leben sie eingriff, gut oder schlecht, in Freude und Leid. Die Innensicht des eigenen Lebens, die Zentrierung auf die eigene Wahrnehmung und Perspektive wandelt sich in jene des Umkreises, in die Sphäre des Sozialen. Die dabei gemachten Erfahrungen sind intensiv, *«so dass dieses Leben nach dem Tode [....] substantieller, realer innerlich erlebt wird von den Menschen als das Erdenleben, das wie ein Traum ist»*[67]. Bereits diese Vorgänge – in der erst beginnenden Entfernung vom Erdensein – halten die Menschenseele mit der Erde in geistig-seelischer Verbindung; der Verstorbene, so Rudolf Steiner, entwickelt bereits zu dieser Zeit den «gewaltigen Wunsch»[68], einen künftigen Ausgleich zu leisten für all das von ihm noch nicht Vermochte und Unterlassene, oder auch leidvoll Angerichtete, für die Ereignisse des Versagens, die ihm in den Seelen der Anderen entgegentreten. Dieser «Wunsch» durchläuft in den folgenden Jahrzehnten und Jahrhunderten verschiedene Stufen und Wandlungen – dennoch steht er als «Entschluss» bereits am Ende der ersten nachtodlichen Etappe fest.

Die Ereignisse des «Nachholens» aus dem Erlebnis, der Erfahrung der Anderen, vollziehen sich, so Rudolf Steiner, in der «Mondensphäre», mithin in einer Kräftewelt, die in Bezug zum Wesen des kosmischen Mondes steht, nicht jedoch mit dessen Raumausdehnung identisch ist. Der Weg der Menschenseele von der Erde in den Kosmos durchläuft verschiedene «Sphären», als Vorgang einer stufenweise sich ereignenden Weitung, auch im Hinblick auf das innere Erleben. («Wir vergrößern uns allmählich in die Sphären der Welt hinein. Dasjenige, was wir als uns selber spüren, wird immer größer und größer.»[69]) Auf der Erde, in der Situation der Inkarnation, ist das Bewusstsein des Menschen leiblich gebunden und leiblich geprägt; es ist ein «Organbewusstsein» und identifiziert sich weitgehend mit dem Leib: «mein Herz», «meine Lunge». Der Seelen-Weg in den Kosmos führt dagegen zu einem sich immer mehr weitenden Umkreisbewusstsein, das sich eins weiß mit den Kräftesphären, die die Seele durchläuft und in denen sie lebt. Dieser Weg, so Rudolf Steiner, bedeutet zugleich ein Hineinwachsen in die Dimension der Hierarchien – von den Angeloi bis zu den Seraphim –, in den Bereich hoher geistiger Wesenheiten, die den Kosmos tragen und bestimmen; sie gestalten die nachtodliche «Biographie» der Menschenseele in zentraler Weise mit – beurteilend, verwandelnd und aufbauend. Von einem (durch die Angeloi gebildeten) «kosmischen Werturteil» über die Taten des Menschen sprach Rudolf Steiner bereits im Hinblick auf die initial durchlaufene «Mondensphäre» – aber auch davon, dass der Mensch seine unrechten Taten, die Ergebnisse seiner Schwächen und Fehler, ja, sein realiter «Böses» in diesem Bereich zurückzulassen hat. Das Eindringen in den Kosmos und seine Geistigkeit ist ein Vorgang der Reinigung, damit aber auch des Abschieds und der Aufgabe. Dasjenige, was der Mensch in der Sphäre des «Mondes» und auf der nachfolgenden Etappe des «Merkurs» von sich trennt, sind Aspekte seines eigenen Wesens, auch wenn sie dem Schattenreich der eigenen Existenz zugehören. Im Durchgang durch die «Merkur»-Region löst sich der Mensch von demjenigen ab, was ihm durch Krankheiten physisch-seelisch eingeprägt worden war, vom durchlebten und durchlittenen Kranksein seiner letzten Erdenbiographie, von seinen Folgen. Losgelöst von den «Schwächen des Bösen» und den «Schwächen der Krankheiten» erreicht er, so Rudolf Steiner, die Sphäre der «Venus», das Element der reinsten Liebe, dessen er – als realiter «verstümmelter Mensch» – unbedingt bedarf, um weitergehen zu können, in Richtung jener geistigen Sonne, in der er die längste Zeit seiner nachtodlichen (und damit auch vorgeburtlichen) Existenz tätig verweilt.

Im Bereich der Sonne wird sein Wesen in demjenigen bestärkt, das als Qualität des Guten mit seinem Dasein verbunden war und ist – auch mit jenem «Guten», das erst in Ansätzen in ihm irdisch lebte, in lediglich intentionaler, noch nicht verwirklichter Weise:

> In der Sonnenregion beginnt alles dasjenige, was der Mensch nur im kleinsten Gedanken als gute Intentionen getragen hat, Realität zu sein, auf die dann hinschauen Exusiai, Dynamis, Kyriotetes. Wie man das Gute in sich hat, denken und empfinden und erleben konnte, so wird man von den Wesen der Sonnenregion angesehen. [...] So wird das Gute Realität in der Sonnenwelt durch unser Zusammenleben mit diesen Wesenheiten. Wir verstehen die Sprache dieser Wesenheiten nicht, wenn wir nicht Gutes gedacht haben; wir können nicht vor sie hintreten, wenn wir nicht Gutes vollbracht haben. Da ist alles Realität als reale Wirksamkeit unseres Guten in der Sonnenregion.[70]

Die Sonne ist die Sphäre der Zukunft und Freiheit, der Bereich der zweiten Hierarchie, die eng mit dem Christus-Wesen verbunden ist: *«Die Sonnensphäre ist lautere Güte, strahlende, leuchtende Güte. Kein Böses hat in ihr Platz.»*[71]

*

Das Erdenleben des Menschen ist – im Verhältnis zu den Zeiträumen des nachtodlichen bzw. vorgeburtlichen Daseins – außerordentlich kurz; zugleich ist es einzigartig und schafft die Voraussetzungen und Bedingungen für jenes rein geistige Dasein, das die Menschenseele im Kosmos lebt und erfährt. In der «Sonnensphäre» arbeitet die Seele, so Rudolf Steiner, aufbauend an ihrem weiteren, künftigen Schicksal, in Verbindung mit den Wesenheiten der zweiten Hierarchie, den Kyriotetes, Dynamis und Exuisiai (in der Terminologie christlicher Esoterik), aber auch zusammen mit dem Wesen anderer «Verstorbener», mit denen sie verbunden ist. Was im Bereich der geistigen Sonne einsetzt, ist die Ausbildung eines «Musters und Urbildes» des nächstfolgenden Erdenseins[72], das aber heißt: des künftigen Leibes und der Konstellationen des Lebens.

Über die geistige Bildung der neuen physischen Leiblichkeit, über sein Ur- und Vorbild, das erst viele Jahrhunderte später – nach der Konzeption – Erdensubstanz gewinnt, sprach Rudolf Steiner oft und in eindringlichen Worten: «So sonderbar Ihnen das erscheinen mag: Den physischen Menschenleib als geistigen Keim herauszuweben aus dem kosmischen All, das ist die größte, bedeutsamste Arbeit, die überhaupt im Weltall denkbar ist. [...] Denn dieser menschliche Leib ist tatsächlich, so wenig wir mit dem gewöhnlichen Bewusstsein hier auf der Erde das beachten, das Allerkomplizierteste, das es im Weltall überhaupt gibt.»[73] «[...] Es gibt nichts Erhabeneres in der Weltenordnung, als eben gerade aus allen Ingredienzien der Welt den Menschen zu weben.»[74] «Eine große majestätische Arbeit an dem Geheimnis des Menschen wird die Arbeit, die da vom Menschen im Verein mit den höheren geistigen Wesenheiten geleistet wird.»[75]

Die Geistgestalt des physischen Leibes – von Rudolf Steiner auch als «Geistkeim» (im Unterschied zum physischen Keim der Eltern) bezeichnet – ist ein «gewaltiges Gewebe von kosmischer Größe und Grandiosität», dessen reale Schöpfung sich vollziehen muss. *(«Wir weben die Menschheit aus dem Kosmos heraus.»[76])* Kein Mensch ist dazu aus sich heraus in der Lage; dennoch ist die Menschenseele der irdisch verstorbenen Individualität an dem schöpferischen Vorgang tätig beteiligt, gemeinsam mit der Geistigkeit des Kosmos, in «beseligendem Arbeiten»[77]. Rudolf Steiner schrieb:

> Im Erleben des kosmischen Gebildes, welches der geistige Keim seines künftigen physischen Organismus ist, ist der Mensch während des vorirdischen

> Daseins. Und dieses geistige Gebilde wird als eine Einheit mit dem ganzen geistigen Kosmos anschauend erlebt und offenbart sich zugleich als der kosmische Leib des eigenen Menschenwesens. Der Mensch fühlt den geistigen Kosmos als die Kräfte seines eigenen Wesens. Sein ganzes Dasein besteht darinnen, dass er *sich* in diesem Kosmos erlebt. Aber er erlebt nicht *nur* sich. Denn es trennt ihn dieses kosmische Dasein nicht wie später sein physischer Organismus von dem anderen Leben des Kosmos ab. Er ist diesem Leben gegenüber in einer Art Intuition. Das Leben anderer geistiger Wesen ist zugleich *sein* Leben.
> In dem tätigen Erleben des Geist-Keimes seines künftigen physischen Organismus hat der Mensch sein vorirdisches Dasein. Er bereitet selbst diesen Organismus vor, indem er in der geistigen Welt mit anderen Geistwesen an dem Geist-Keim wirkt. Wie er während des Erdendaseins durch seine Sinne eine physische Umwelt vor sich hat und in dieser tätig ist, so hat er im vorirdischen Dasein seinen im Geiste sich erbildenden physischen Organismus vor sich; und seine Tätigkeit besteht in der Teilnahme an dessen Gestaltung, wie seine Tätigkeit in der physischen Welt in der Teilnahme an der Gestaltung der physischen Dinge in der Außenwelt besteht.[78]

Die sich so ausbildende Gestalt des Menschen ist haupteszentriert – und von menschheitlicher Qualität. Der «Geistkeim», der «im Geiste sich erbildende physische Organismus», ist, so Rudolf Steiner, als Geistgestalt des physischen Leibes in gewisser Hinsicht allgemein und überindividuell, obwohl er je neu aufgebaut bzw. «gewoben» werden muss, in der schöpferischen Gewinnung des Menschseins. Sein zunehmend individuelles Gepräge erhält der

Geistkeim erst im Durchlaufen der weiteren kosmischen Stadien – und wird dadurch Träger eines künftigen und besonderen Erdenseins.

*

In der «Sonnensphäre», so beschrieb Rudolf Steiner in Vorträgen des Jahres 1924, erlebt der Mensch nicht nur seinen sich ausbildenden Geistleib, sondern auch Aspekte seines künftigen Lebens, seiner Taten und Leiden. Er wird Zeuge von Vollzügen unter den Geistern der ersten Hierarchie, der Seraphim, Cherubim und Throne, die ein himmlisches Vor- und Ausleben seines Karmas vollziehen, deren Folgen vor- und urbildlich gestalten. *An ihnen*, an ihrem «Göttervorbild», erlebt der Mensch seine Zukunfts-Geschichte, das Urbild seines moralischen Erdendaseins, seines künftigen Karmas. («Da durchleben Seraphim, Cherubim und Throne [...] dasjenige, was dann unser Schicksal wird, wenn wir wiederum heruntersteigen, was wir schicksalsmäßig realisieren.»[79]) Der Mensch sieht seine Zukunft «in Göttertaten» vor sich, bildlich und damit in freier, ihn nicht zwingender Weise; zugleich entsteht oder wächst seine Bereitschaft, dieses eigene Schicksal auf sich zu nehmen:

> Unser Karma, wie es sich erfüllen wird, wir nehmen es auf uns, weil wir es zuerst in Göttertaten der Seraphime, Cherubime und Throne erblicken.[80]

Die schicksalsformenden Kräfte werden in der Folge dem sich ausbildenden Geistleib und seiner Lebenskonstellationen einverwandelt, als Eigenschaft und Fähigkeit, als Begabung und ermöglichende Bereitschaft – ein langer und subtiler Prozess, an dem weitere planetarische Sphären bzw. Geistigkeiten beteiligt sind, vom «Mars» bis zum «Saturn».

*

Nelly Sachs schrieb 1946 von «Chören nach der Mitternacht». Als *«Weltenmitternacht»* hatte Rudolf Steiner Jahrzehnte zuvor den Umschlagspunkt der nachtodlich-kosmischen «Biographie» und die erneute Wendung zur Erde bezeichnet. In der Mitte des nachtodlichen Lebens, nachdem alle Erfahrungen und Folgen des letzten Erdenseins an den Kosmos abgegeben und ihm einverwandelt wurden, beginnt der Rückweg, die Rückwendung zur Erde. («Und der Zeitpunkt ist angelangt, wo wir den Übergang suchen müssen zwischen dem Tod und einer neuen Geburt, zwischen dem *Kosmoswerden des Menschen* zum *Menschwerden des Kosmos.*»[81]) Bis dahin war die Menschenseele dem Irdischen immer fremder geworden und hatte sich restlos in die Vollzüge des geistigen Kosmos eingelebt – mit hellem, intuitivem Bewusstsein, im realen Miterleben der hierarchischen Wesen und Kräfte, im Innensein ihrer Existenz. Nun jedoch entsteht eine neuerliche Sehnsucht nach der Erde, ein «Hunger nach der Schwere»[82], der von der Empfindung begleitet ist: «Wir müssen wieder Mensch werden.»[83]

Das Erleben der geistigen Wesen des Kosmos nimmt über lange Zeiträume gradweise ab; was reale, intuitive Wesensbegegnung war, wird immer mehr zur bloßen Offenbarung, zum Abglanz; parallel dazu ereignet sich eine langsame Verstärkung des Selbstgefühls der menschlichen Individualität – dieses aufkommende und sich intensivierende Selbstgefühl ist mit dem Bedürfnis nach einem neuen Erdensein immanent verbunden. («Mit diesem Erwachen des Selbstgefühles tritt das Bedürfnis auf nach einem neuen Erdendasein.»[84]) Das «Interesse für die Erdenwelt» erwacht neu und in einer – wie Rudolf Steiner sagte – sehr besonderen, *konkreten* Weise:

> Man fängt an, ein Interesse zu bekommen an ganz bestimmten Menschen, die da unten auf der Erde sind, und wiederum an deren Kindern und an deren Kindern wiederum. Während man früher nur ein Himmelsinteresse hat, bekommt man jetzt ein

> merkwürdiges Interesse, wenn die geistige Welt zur Offenbarung wird, an gewissen Generationenfolgen. Das sind die Generationenfolgen, an deren Ende dann die eigenen Eltern stehen, die einen gebären werden, wenn man wiederum herabsteigt zur Erde. Aber man bekommt schon lange vorher für die Voreltern Interesse. Man verfolgt die Generationenreihe bis zu den Eltern hinunter, und zwar verfolgt man sie nicht bloß im Zeitenverlaufe, sondern wenn dieser Zustand der Offenbarung zuerst eintritt, da sieht man schon wie prophetisch die ganze Generationenreihe vor sich.[85]

Mit der intensiv verfolgten Generationenreihe, in die sie sich viele Jahrhunderte später hineininkarnieren wird, verbindet sich die Menschenseele im Kosmos – «der Mensch verbindet sich [...] seelisch lange schon mit den Generationen, an deren Ende dann das Elternpaar steht, das ihn gebiert. So dass nicht etwa bloß bis zum Ururgroßvater, sondern bis zu weit vorhergehenden Generationen der Mensch bereits auf seine Vorfahren hinunterblickt, sich verbindet mit der Richtungslinie, mit der Strömung, die durch die Generationen seiner Vorfahren geht»[86]. Am 7. März 1916 sagte Rudolf Steiner in Berlin:

> [...] Nun ist es wirklich so, dass man sich vorstellen kann: Derjenige, der geboren wird, hat Eltern, die Eltern haben wieder Eltern, diese Eltern haben wieder Eltern. Denken Sie sich, wie das durch die Breite hinaufgeht, wenn Sie durch dreißig Generationen gehen. Aber wenn Sie so durch dreißig Generationen hindurchgehen würden, so würden Sie finden, dass gewissermaßen in vielen Leuten schon die Tendenzen liegen, die zuletzt dazu führen, dass der Mann A und die Frau B zusammengebracht werden, die dann einem Menschen das Dasein geben. Und

wenn nicht das Ganze so stattgefunden hätte durch dreißig Generationen hindurch, wenn nicht da die Leute immer so geheiratet hätten, dass zuletzt der A und die B zusammengekommen wären, so würde eben nicht jene Zweiheit sich ausgebildet haben, die dann der Mensch aufsuchen kann, der hinuntersteigt zu einer physischen Inkarnation. An diesem ganzen Zusammenwirken vieler Menschen, die zuletzt in den zweien ausgipfeln, da arbeitet schon die geistige Welt mit nach dem, was die einzelne Individualität des Menschen ist. Wenn wir also sehen, dass der Sohn die Eigenschaft seines Vaters, seiner Mutter hat, dann wiederum die Mutter und den Vater auf Eigenschaften zurückführen von Großvater und Großmutter, Urgroßvater, Urgroßmutter und so weiter, so ist das deshalb, weil sich zu dem Ur-Ur-Urgroßvater und der Ur-Ur-Urgroßmutter, die dreißig Generationen nach aufwärts, etwa schon niedergeneigt hat diejenige Individualität, die dann später, nach Jahrhunderten, geboren werden will und bestimmt hat den Plan, nach dem durch Generationen hindurch die Menschen sich finden. Das wirkt alles schon mit. Und dass da vererbte Ähnlichkeiten sind, das rührt davon her, dass durch dreißig Generationen schon die Kraft herunterwirkt durch die geistige Welt, die zuletzt in einem bestimmten Menschen zum Vorschein kommen will; die wirkt schon in Vater, Mutter, Großvater, Großmutter, Urgroßvater, Urgroßmutter. Da wirkt sie schon immer und gibt einem zuletzt die Eigenschaften, die zum Vorschein kommen sollen. Nicht die physische Strömung macht die Vererbung, sondern der physischen Strömung wird die Vererbung auf diese Weise eingefügt. Gerade das Umgekehrte ist wahr von

> dem, was in Bezug auf die physische Vererbung von der äußeren, sogenannten naturwissenschaftlichen Weltanschauung behauptet wird.[87]

Die kosmische Individualität «regelt» in diesem Sinne von der geistigen Welt aus die Eigenschaft derjenigen Menschen, die später zu ihren irdischen «Ahnen» werden. («Goethe also – wenn wir dieses Beispiel [...] heranziehen wollen – zeigt die Merkmale seiner Vorfahren, weil er sich von der geistigen Welt aus fortwährend damit zu schaffen gemacht hat, seine Eigenschaften den Ahnen einzupflanzen.»[88]) Das Ich arbeitet in diesem Sinne nicht nur sukzessive karmabedingte Strukturen in seinen Geistkeim ein, sondern auch in jene Familienerbströmung, der es einmal «angehören» wird – die ihm, anders formuliert, aufgrund ihrer Fähigkeiten und Begabungen (oder auch ihrer Eigenheiten und Schwächen) das besondere Ausleben seines Schicksals ermöglicht. Vor der – von hohen hierarchischen Wesen begleiteten – Auffindung der Familien- und späteren Elternsituation entschied sich die Individualität, so Rudolf Steiner, bereits für den *Zeitpunkt* und den *Ort* (bzw. die Volkszugehörigkeit) ihrer nächsten Inkarnation; von zentraler Bedeutung aber wird dann die gesuchte und mitgestaltete Wahlverwandtschaft zu den künftigen Eltern, zu denen sich der Mensch liebevoll hingezogen fühlt – zu jenem Elternpaar, «welches ihm die körperliche Hülle geben kann, die dem in der geistigen Welt geschaffenen Urbilde seines kommenden Erdenlebens am meisten entsprechen kann»[89]. Das «Kind» bzw. jene Individualität, die später als Kind geboren werden soll, führt nach Rudolf Steiner die Eltern konkret zusammen *(«das sich verkörpernde Individuum führt die sich Liebenden zusammen»[90])*, stiftet und ermöglicht ihre Verbindung. «Wie Tau sinken wir in die Liebe hinein», schrieb Nelly Sachs über die «Ungeborenen»; diese elterliche «Liebe» und «Sehnsucht» zueinander, die die Voraussetzung der Konzeption ist («Schmetterlingsgleich / Werden wir von den Häschern eurer Sehnsucht gefangen»), ist zugleich von der kommenden Individualität des Kindes mitgeschaffen und mitgestaltet – sie ist ein Aspekt *seiner* Elternliebe. Das – spätere – Kind, so Rudolf Steiner, liebte seine Eltern bereits vor der Konzeption, und:

> *Die Elternliebe ist [...] die Antwort auf die Liebe des Kindes, sie ist die Gegenliebe.*[91]

*

Der Weg des Menschen zur Erde ist keineswegs einfach, von vielen Hindernissen und Schwierigkeiten gesäumt. Komplizierte und auch harte biographische Wege werden vorgeburtlich konstelliert, darunter zahlreiche Krankheitssituationen, die später auftreten müssen, damit an ihnen Wesentliches durchgemacht und überwunden werden kann.[92] Auch die «Elternwahl» selbst ist mitunter ein Ergebnis langen Ringens und muss durch innere Kämpfe bestätigt und bejaht werden, als Aspekt einer eigenen Schicksalssituation und -bedingung:

> Eine Seele, die sich anschickt verkörpert zu werden, weiß zum Beispiel, dass sie zu ihrem nächsten Erdenleben eine gewisse Art von Erziehung braucht, eine gewisse Art von Kenntnissen, die sie aufnehmen muss schon in früher Jugend. Aber sie sieht nun: Ja, da und dort kann ich die Möglichkeit finden, solche Erkenntnisse zu gewinnen. – Aber das ist oftmals nur möglich, wenn man in der Zeit verzichtet auf ein solches Elternpaar, das einem ein glückliches Dasein in anderer Beziehung geben könnte, und wenn man seine Zuflucht nimmt zu einem Elternpaar, das einem vielleicht kein glückliches Leben gewähren kann. Würde man ein anderes Elternpaar vorziehen, so würde man sich sagen müssen: Gerade das Wichtigste kannst du nicht erreichen. – Man

> darf nicht alle Verhältnisse des geistigen Lebens sich so verschieden vorstellen von denen auf der Erde. So sieht man Seelen, die vor der Geburt in furchtbarstem Kampf sind, sieht zum Beispiel eine Seele, die sich sagt: Ich werde vielleicht in meiner Jugend misshandelt von einem rohen Elternpaar. – Wenn eine solche Seele in diese Lage kommt, dann gibt das furchtbare innere Kämpfe für sie. Und man sieht in der geistigen Welt vielen Seelen an, die an die Vorbereitung für die Geburt schreiten, wie sie sich diese ungeheuren Kämpfe bereiten.[93]

Die Inkarnations- und Reinkarnationslehre der anthroposophischen Geisteswissenschaft impliziert keine vorschnelle «Harmonisierung» oder Verklärung schwieriger und schwer verständlicher Erdenwege – Wege, die von Gewalt und Verwahrlosung, Missbrauch und Verstörung gekennzeichnet sein können. Dennoch sind die sich ausbildenden Lebenskonstellationen alles andere als «zufällig» und kein Ausdruck reiner Willkür. Die Bereitschaft der Seelen, sich in schwierige Situationen hineinzuinkarnieren, wurde nach Rudolf Steiner vorgeburtlich schwer errungen, was lebensbiographisch zu berücksichtigen ist. («Und man sieht in der geistigen Welt vielen Seelen an, die an die Vorbereitung für die Geburt schreiten, wie sie sich diese ungeheuren Kämpfe bereiten.») So naht sich die Seele der Erden- und Menschenwelt, nach einer langen kosmischen Zeit und einer Vorbereitung, deren Dimensionen, deren Ausmaß und Qualität das Feld irdischer Erfahrung transzendieren. So kommen die «kommenden Lichter» (Nelly Sachs), willentlich und bewusst, entgegen äußerem Anschein.

*

3.

«Aus der Geist- in die Erdengemeinschaft»

Vom Eintritt ins Erdensein

Wenn wir auf die Geburt hinschauen, das heißt auf den Zusammenhang desjenigen, was aus dem embryonalen Leben herauskraftet, was sich also vollzieht zwischen Konzeption und der eigentlichen Geburt, so haben wir ein Hintendieren desjenigen, was vom Menschen vorher geistig-seelisch war, zum Materiellen. Es gliedert sich das Geistig-Seelische das Materielle ein. Das ist ja durchaus ein komplizierter Vorgang, der auch von der Physiologie noch nicht ordentlich studiert wird in seiner eigentlichen tieferen Bedeutung.

Rudolf Steiner [94]

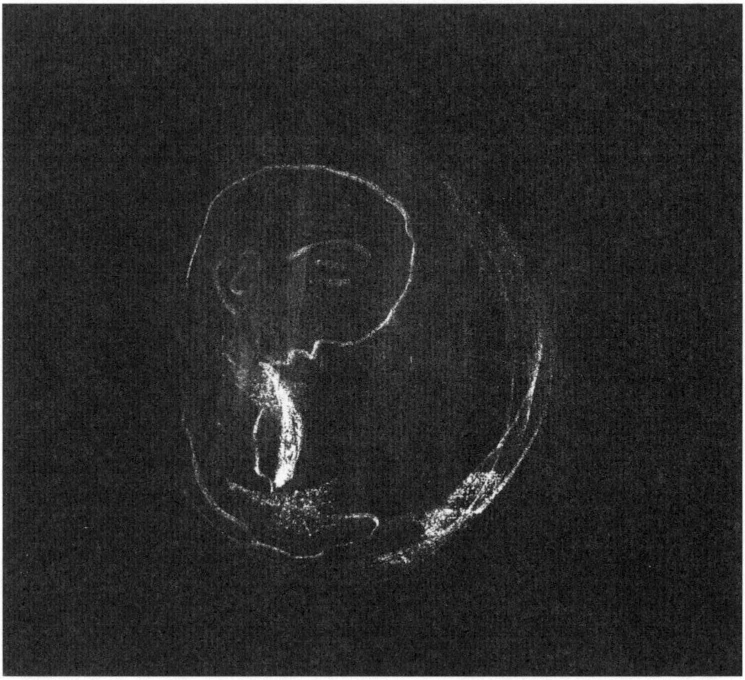

Rudolf Steiner: Wandtafelzeichnung. Dornach, 27.1.1923.
Aus: Rudolf Steiner, Wandtafelzeichnungen zum
Vortragswerk, Band 25, Seite 58. © Rudolf Steiner Archiv, Dornach

Die hochgradig polaren Keimzellen von Mutter und Vater, die nur eine kurze Lebensspanne von vierundzwanzig bis sechsunddreißig Stunden vorweisen, vereinigen sich im Vorgang der Konzeption – und erfahren dadurch die Ausbildung einer schützenden «ätherischen Hülle»[95]. Sie werden vor der substantiellen Zerstörungsqualität der Erdkräfte bewahrt, denen sie zuvor unterlagen, und öffnen sich durch ihre Vereinigung – im Zustand einer maximalen Degeneration, eines höchstgesteigerten Abbauprozesses[96] – dem Einwirken kosmischer Kräfte, einer «peripherisch-kosmischen Wirksamkeit»[97], das heißt der realen Einsenkung des «Geistkeimes»: *«Die physische Materie wird ganz zerstört, damit der geistige Keim sich in sie einsenken kann und die physische Materie das Abbild des geistigen Keimes, der aus dem Kosmos heraus gewoben wird, werden kann.»*[98] *«In der Befruchtung wird nur Veranlassung dazu gegeben, dass eine gewisse Wirkung von dem Kosmos in einen Menschenleib herein geschieht.»*[99] Im Spannungsfeld von Abbau und Aufbau, Zerstörung und Leben, auf physisch kleinstem Raum, ereignet sich eine gewaltige Himmelswirkung, eine Gestaltbildung aus dem Makrokosmos, die nach jahrhundertelanger Vorbereitung nunmehr irdisch beginnt:

> Man möchte eigentlich sagen: Der Mensch wird selbst seiner Form nach dem mütterlichen Leib eingepflanzt. Im mütterlichen Leib wird nur das Bett für den Menschen geformt, und es ist eben im Universum so eingerichtet, dass da, wo eine Gelegenheit geschaffen wird, dass etwas Bestimmtes entstehen kann, dann dieses Bestimmte entsteht.[100]

Die Einsenkung des Geistkeimes in den physischen Menschenkeim, d.h. in die befruchtete Eizelle, bedeutet die Verbindung der kosmischen Geistgestalt des physischen Leibes mit jener Fortpflanzungsströmung, die die Individualität seit langem wahrgenommen und mitgestaltet hatte. Nun, vom Augenblick der Konzeption an, bildet der – unendlich verkleinerte und verdichtete, ursprünglich makrokosmische – Geistkeim das Wachstumselement und die «dirigierende Kraft» des physischen Keimes, des sich gestaltenden Embryos.[101]

*

Der «Geistkeim» des physischen Leibes aber ist nicht mit der Individualität des sich inkarnierenden Menschen identisch, obwohl er in innerer Verbindung mit ihr steht. Diese Individualität hat gemeinsam mit hohen geistigen Kräften an dem Urbild des physischen Leibes für die neue Inkarnation gearbeitet; in der Annäherung an die Erde, im Moment der Konzeption, aber «entfiel» ihr die Geistgestalt der neuen Physis: «Der Geistkeim, den man selbst gewoben hat, der geht einem in dem Momente verloren, wo auf der Erde die Konzeption eintritt für den körperlichen Keim ...»[102] Tatsächlich, so Rudolf Steiner, durchläuft der Geistkeim eine akzelerierte Entwicklung zur Erde und verbindet sich mit der Vererbungsströmung des physischen Keimes, der befruchteten Eizelle – er lebt sich in die Fortpflanzungsströmung des Elternpaares ein, während die Geistseele des Menschen noch in der «Mondensphäre» verweilt. Dort zieht sie aus den «Ingredienzien des Weltenäthers» ihren ätherischen Leib herbei, jenen Kräfteorganismus, der ihr später gestattet, mit der physischen Keimbildung in Beziehung zu treten: «[...] Wir sind zurückgelassen als geistig-seelisches Wesen, das seine Zugehörigkeit zu dem, was ihm da hinunter entfallen ist, empfindet, aber sich nicht unmittelbar damit vereinigen kann. *Es kann sich erst damit vereinigen, wenn es jetzt in diesem Zustand die Ätherkräfte, die im ganzen Kosmos sind, zu seinem Ätherleibe heranzieht.*»[103] «Der Mensch kleidet sich ein in seinen ätherischen Organismus.»[104] Wie Rudolf Steiner schilderte, wird dieser Vorgang von der «Entbehrung» initiiert, die die Individualität durch die Entfernung des Geistkeimes empfindet.

Obwohl sich die Prozesse innerhalb der Mondensphäre rasch vollziehen, sind sie von weitreichender Bedeutung für die anbrechende Erdenbiographie. Im erneuten Durchgang durch die lunare Sphäre umgibt sich die Menschenseele – das Ich und der Astralleib – nicht nur mit dem ätherischen Lebensorganismus, sondern durchläuft dabei bedeutende Entwicklungen und innere Erfahrungen. Das kosmische Bewusstsein, dessen Helligkeit in den vorausgegangenen Zeiten immer weiter abgenommen hatte, erfährt seine endgültige «Abdämpfung» zu jenem Traumbewusstsein, das für den beginnenden Erdenweg notwendig und kennzeichnend ist. Zeitgleich vereinigt sich die Individualität erneut mit jener Last des «Bösen» und der Verfehlung, die sie in der ersten nachtodlichen Zeit, nach Ablegen des letzten Erdenleibes, dort – in der «Mondensphäre» – zurückgelassen hatte. («[...] Ehe man sich mit seinem eigenen Leibeskeim vereinigt, bildet man sich noch seinen Ätherleib [...]. Und in diesen Ätherleib hinein ist verwoben das Päckchen [...], das die moralische Wertigkeit enthält. Das verwebt man jetzt in sein Ich, in seinen astralischen Leib, aber auch noch in den ätherischen Leib hinein. Das bringt man dann mit dem physischen Leibe zusammen. Und so ist es, dass man sein Karma mit auf die Erde trägt.»[105]) Der Mond ist, so Rudolf Steiner, in gewisser Hinsicht das «Tor» jener Vergangenheit[106], die nun integriert und verwandelt werden muss:

> Ich möchte sagen: Der letzte Schliff kommt erst zustande, wenn wir unser Böses beim zweiten Durchgang durch die Mondensphäre wiederfinden, und dann zu dem, was Vorsatz ist, zu dem, was Ausarbeitung ist im Urbilde, auch die Kraft hinzubringen, auf der Erde uns in einem neuen Erdenleben in das Karma hineinzustürzen.[107]

In dieser Zeit, in den letzten Wochen vor ihrem Eintritt in die physische Welt, muss die Individualität die Kraft finden, um ihren Schicksalsweg tatsächlich gehen bzw. sich in das Karma «hineinstürzen» zu können; sie muss die vorwärtsweisende Sehnsucht ausbilden, ihr Karma auf Erden konkret auszuleben und damit weiterzubilden – hier, im Bereich der Mondensphäre, fällt auch die Entscheidung über das Geschlecht für die kommende Inkarnation, das der Bewältigung des individuellen Schicksals am dienlichsten ist.

Mit dem ätherischen Leib – als Zeiten- und damit auch Schicksalsleib – vereinigt, gewinnt die Individualität einen Ausblick auf das kommende Erdensein, einen Vorblick als «Zukunftsvision»:

> Wenn nun der Mensch mit seinem zukünftigen Ätherleib sich verbindet, dann tritt ein Moment der Schau ein, geradeso wie er vorher beim Tode auf sein vergangenes Leben zurückschaute. Das drückt sich aber nun ganz anders aus, nämlich als ein Vorausschauen in die Zukunft, ein Vorauswissen.[108]

> Wie unmittelbar nach dem Tode die Rückerinnerung an das vergangene Leben gleich einem Tableau vor die Seele tritt, so ist unmittelbar vor der Einkörperung eine Art Vorgesicht auf das kommende Leben vorhanden. Man sieht nicht alle Einzelheiten, aber in großen Umrissen alle Verhältnisse im kommenden Leben vor sich. Dieser Moment ist von ungeheurer Bedeutung. Es kommt vor, dass Menschen, die in früheren Leben viel gelitten haben und sehr Schweres durchgemacht haben, beim Anblick der neuen Verhältnisse und Schicksale einen Schock bekommen und die Seele zurückhalten vor der ganzen Einkörperung, so dass nur ein Teil der Seele in den Körper eingeht.[109]

Der *nachtodliche*, «tableauartige» Rückblick auf das Erdenleben, der sich im dreitägigen Ablegen des ätherischen Leibes entfaltet hatte, war, so Rudolf Steiner, von einer großen, objektiv-überpersönlichen Ruhe gekennzeichnet. («Die Eigentümlichkeit dieses Tableaus besteht darin, dass, solange es in der Art ist, wie es unmittelbar nach dem Tode sich zeigt, in ihm wie gestrichen sind alle die Erlebnisse, die der Mensch subjektiv bei seinem Gang durch die Welt durchgemacht hat. Wir haben bei unseren verschiedenen Erlebnissen immer auch das Gefühl der Lust und des Schmerzes, der Erhebung oder der Traurigkeit gehabt. Unser äußeres Anschauen war immer mit einem Innenleben verknüpft. Alle die Freuden und Schmerzen, die sich an die Bilder des Lebens heften, sind bei dieser Rückerinnerung nicht vorhanden. Man steht diesem Erinnerungstableau ebenso objektiv gegenüber wie einem Gemälde. Wenn dasselbe einen Menschen darstellt, der traurig, der von Schmerzen erfüllt ist, so sehen wir ihn objektiv an. Wir können wohl seine Traurigkeit nachfühlen, doch empfinden wir nicht unmittelbar den Schmerz, den der Mensch gehabt hat.»[110]) Der *Vorblick* auf die Gestalt der Erdenbiographie dagegen, der sich im erneuten Durchgang durch die Mondensphäre in der Annäherung an die Erde ereignet – innerhalb der ersten drei, auf die Konzeption folgenden Wochen –, betrifft das Seelenwesen des sich inkarnierenden Menschen in sehr direkter, unmittelbarer Weise; dieser Vorblick weist nicht die abgeschlossen-überpersönliche Distanz des nachtodlich-ätherischen Rückblicks auf und kann zu schweren Erschütterungen führen. Rudolf Steiner deutete konstitutionelle Vereinseitigungen und Krankheitswege an, die aus dieser Situation gegebenenfalls resultieren können, in einer unvollständigen Leibdurchdringung bestehen und mit epileptischen Krampfanfällen oder einer erschwerten geistigen Entfaltung verbunden sind.[111]

Auf der anderen Seite erhält die sich zur Inkarnation anschickende Seele in der Ätherhülle der Erde Beistand; in dieser lebt, wie Rudolf Steiner in vielen Zusammenhängen ausführte, seit dem Mysterium von Golgatha das Wesen des Christus. Ihm begegnet die Menschenseele unmittelbar nach dem Tod, in der Lösung des ätherischen Leibes – aber auch kurz vor Anbeginn ihres irdischen Weges, als einer helfenden, unterstützenden und geleitenden Macht.

*

Die «Mondensphäre» reicht von der Erde bis zur Umlaufbahn des physischen Mondenkörpers; bereits bei der Konzeption sind die höheren Wesensglieder des Kindes «in der Nähe der Mutter», betonte Rudolf Steiner innerhalb einer embryologischen Darstellung.[112] Der Geistkeim ist der Individualität entfallen und vereinigt sich mit dem physischen Keim im Augenblick der Konzeption; aber auch das Geistig-Seelische des Kindes, sein Ich und Seelenleib, die noch Teil der «Mondensphäre» bzw. «frei im Kosmos» sind[113], weisen demnach keine große räumliche Ferne zum physischen Menschenkeim auf. Dennoch sind sie am ersten Keimgeschehen, in den Vorgängen der ersten Wochen, nicht von innen her handelnd beteiligt. («Zwar ist dieser Mensch, der aus Ich, Astralleib und Ätherleib besteht, durchaus vom Moment der Empfängnis an in der Nähe der Mutter, die den befruchteten Menschenkeim in sich hat, aber er wirkt von außen ein.»[114]) Für die gesamte Schwangerschaftszeit der neun Monate machte Rudolf Steiner die damit umrissene Kräftesituation geltend, wenn auch in modifizierter und differenzierter Weise: Die höheren Wesensglieder des Kindes wirken «von außen» auf den Keim; sie leben und gestalten in den *Hüllenorganen* des Embryos und Fötus, in der von Anfang an vorhandenen Polarität von Innen- und Umraum, Selbst- und Weltbezug. Vor Medizinstudenten und Ärzten betonte Rudolf Steiner im April 1924:

> So dass man, wenn man den physischen Embryo hat, sagen muss: Dieses Physische im Embryo, das ist allerdings wunderbar ausgebildet, aber daran hat der vorirdische Mensch zunächst den wenigsten Anteil. – Dagegen hat der Mensch, der vorirdische Mensch den größten Anteil an alledem, was rund herum ist. Darinnen lebt der vorirdische Mensch, in dem, was im Physischen eigentlich abgebaut wird, und als Abgebautes, Chorion, Amnion und so weiter weggeht. Darinnen lebt der vorirdische Mensch.[115]

In diesem Sinne sagte Rudolf Steiner auch in einer embryologischen Darstellung vor Theologen:

> Wenn wir auf die Geburt hinschauen, das heißt auf den Zusammenhang desjenigen, was aus dem embryonalen Leben herauskraftet, was sich also vollzieht zwischen Konzeption und der eigentlichen Geburt, so haben wir ein Hintendieren desjenigen, was vom Menschen vorher geistig-seelisch war, zum Materiellen. Es gliedert sich das Geistig-Seelische das Materielle ein. Das ist ja durchaus ein komplizierter Vorgang, der auch von der Physiologie noch nicht ordentlich studiert wird in seiner eigentlichen tieferen Bedeutung. Denn die Keimesentwickelung wird, ich möchte sagen, nur unvollständig studiert. Es wird gewöhnlich nur so studiert, dass man bei der Keimzelle anfängt, bei der Bildung der Keimzelle, der Bildung des Scheidekeims, kurz, man verfolgt die Evolution herauf von der ersten Keimzelle, die befruchtet ist durch ihre Bildungsprodukte und so weiter bis zur Reife des Embryos, wo er dann ausgestoßen wird. Aber man verfolgt nicht gleichzeitig dasjenige, was im Chorion, im Amnion an Organen sich entwickelt im mütterlichen Leib, die um den Embryo herum sind, und die in ihrer Art am vollkommensten sind im Beginne der embryonalen Entwickelung, die dann komplizierter werden und abgestoßen werden bei der Geburt des Embryo. Wir haben es in demjenigen, was aus dem Keim herausgeht, durchaus zu tun mit einer aufsteigenden Evolution, und die Involution besteht darin, dass das Geistig-Seelische von den Organen, in denen es sich zuerst festgesetzt hatte im mütterlichen Organismus, vom Chorion, vom Amnion, nach und

> nach dann übergeht zum eigentlichen Eikeim, zum eigentlichen Embryo, so dass wir haben eine Involution des Geistig-Seelischen im Materiellen. Das Materielle wird abgestoßen, und dann haben wir eine darauffolgende Evolution des Embryo.[116]

Die Individualität, das Geistig-Seelische des Kindes arbeitet von «außen», so Rudolf Steiner – über die Hüllenorgane des Embryos und Fötus. Von dort aus wirken die höheren Wesensglieder «nach und nach» auf den inneren Keim, gehen, so Steiner, «zum eigentlichen Eikeim» über. Bereits in seinen frühen anthroposophischen Vorträgen hatte Rudolf Steiner wiederholt auf den Zeitpunkt hingewiesen, ab dem die Individualität tatsächlich in die physische Keimesentwicklung einzugreifen beginnt, und ihn auf das Ende der dritten Woche bestimmt.[117] Zu dieser Zeit, um den 21. Tag nach der Konzeption, beginnt der embryonale Herzschlag des Kindes und damit die Tätigkeit jenes Organs, das wie kein anderes mit der menschlichen Individualität verbunden ist, im Prozess der Inkarnation, aber auch der Exkarnation am Ende des Erdenlebens.[118] Das Herz ist in sehr genauer Weise das Schicksalsorgan der menschlichen Existenz – das erste funktionsfähige Organsystem des embryonalen Organismus, dem bereits Aristoteles in tiefer Weise nachgegangen war und das im Zentrum der Menschenkunde des Neuen Testamentes stand.[119]

*

Durch die Verbindung der höheren Wesensglieder, besonders jedoch des ätherischen Leibes, mit dem physischen Keim findet – so Rudolf Steiner – ein nachdrücklicher Individualisierungsprozess der sich ausbildenden embryonalen Organisation statt. Der ätherische Zeitenleib trägt die Schicksalsdimension der menschlichen Individualität in spezifischer Weise in sich – die Erinnerung an das letzte Leben, seine Fehler und das Versäumte, aber auch die

Motive und Kräfte der Wandlung, der ausgleichenden Korrektur. («Der Ätherleib mit all seiner Lebendigkeit ist so in dem Menschen, wie der Mensch aus dem vorirdischen Dasein mit seinem Karma ankommt und den Ätherleib in sich aufnehmen kann.»[120]) All dies wird nun den embryonalen Struktur- und Substanzvorgängen einverwandelt und gestaltet sie um. («Der physische Leib wird individuell erst dadurch, dass der Ätherleib ihn durchzieht.»[121])

Trotz ihrer sukzessiven Verbindung mit der embryonalen Physis aber dominieren die höheren Wesensglieder auch nach der dritten Woche insbesondere die Hüllenorgane des Embryos. Hier, im Umraum des physischen Leibes, wird über die gesamte Schwangerschaft eine periphere Organisation aufrechterhalten, deren kosmische Ausrichtung unübersehbar ist und die den Weg in die Gesetzmäßigkeiten der physischen Welt nur bedingt mitgeht. Die nach der siebten postkonzeptionellen Woche, am Übergang der embryonalen zur fötalen Werdezeit, sich ereignenden Mineralisierungsprozesse und damit den ersten Ansatz zur späteren Knochenbildung macht die plazentare Hülle keineswegs mit – ebenso wenig wie die zur selben Zeit sich ausbildende, polar orientierte Entwicklung der Geschlechtsorganisation.[122] Das mit den höheren Wesensgliedern verbundene plazentare Umfeld des Kindes steht in Beziehung zur kosmisch-spirituellen Ausrichtung seines Wesens und seiner Herkunft; es hält sich den Erdenkräften (bzw. der «Inanspruchnahme des Menschen von dem Irdischen»[123]) fern und übt seine entscheidende Aufgabe bis zur Geburt aus – bis zu jenem Moment, in dem das Kind in definitiver Weise in den Erdenraum eintritt, die selbstständige Atmung beginnt und damit in der physischen Welt angekommen ist. Vor seiner Geburt steht der Mensch noch «in der Hut» der über dem Physischen stehenden Wesenheiten[124] – er lebt und entwickelt sich in der Gebärmutter, in einer geschützten Sphäre[125], und untersteht einer höheren Führung. Diese «Hut» kann nun, nach der Geburt, nicht mehr in der bisherigen Weise fortgesetzt werden und geht zumindest teilweise auf den Sozialraum der Eltern über, in ihr verantwortliches Sein.

Die extraembryonale Organisation kommt als Plazenta-Nachgeburt zur Welt und stirbt mit der irdischen Geburt des Kindes ab, als «Leichnam» des bisherigen, über neun Monate gelebten Lebens. Die Plazenta wurde in vielen spirituellen Hochkulturen der Menschheitsgeschichte mit Achtung und Würde behandelt und in ihrer geistigen Bedeutung gesehen, als Schutz und Helfer bzw. Weggefährte des Kindes zur Erde, als – so die alttestamentliche Formulierung – *«Bündlein der Lebendigen»*[126]. Ihre Bestattung fand über viele Jahrhunderte, ja, Jahrtausende in ritueller Weise und mit personaler Würde statt – als Wesensteil des Menschen und seiner Herkunft, seiner kosmischen Vorgeburtlichkeit. Wolfgang Schad, der auf diese Zusammenhänge eindringlich aufmerksam machte, berichtete von einer ägyptischen Schiefer-Darstellung vom Ende des vierten Jahrtausends vor der Zeitenwende, auf der dem Pharao bei einer Prozession seine mumifizierte Nachgeburt als Teil seiner Insignien vorausgetragen wurde. Repräsentierte der Pharao für das altägyptische Mysterienverständnis den Sonnengott, so seine mumifizierte Plazenta die Geistigkeit des Mondes bzw. der Mondensphäre – und seine Grabstätte bestand nicht selten aus zwei Pyramiden, wobei das kleine Südgrab für die mumifizierte Plazenta bestimmt war, in der der göttliche Geist verehrt wurde.[127] So lebte in alten Zeiten ein Wissen von der kosmischen Herkunft des Menschen, von seiner «Ungeborenheit», die dem realen Übertritt in die Erdengemeinschaft vorausgeht.

*

Begegnet der Mensch den Kindern aufmerksam, so kann er – mit Rudolf Steiner – erleben, «dass aus dem kindlichen Auge etwas herausschaut, was nicht durch die Geburt ins Dasein getreten ist, was menschliche Seelentiefen herausschauen lässt». Dies gilt, so Steiner, für die Begegnung mit jedem Kind sowie mit jener bildenden Kunst, zu der Raffael in besonderer Weise befähigt war:

> Wer die Kinder auf den Madonnenbildern von Raffael anschaut, der sieht, dass aus seinen Kinderaugen herausschaut das Göttliche, das Verborgene, das Übermenschliche, das mit dem Kinde in den ersten Zeiten nach der Geburt noch verbunden ist.[128]

Dieses Bewusstsein, d.h. die Gewahrwerdung und die Ehrfurcht vor der Vorgeburtlichkeit des Menschen, hat eine große Bedeutung für die Pädagogik und Lebenskultur der Zukunft, für eine Zivilisation, die sich wieder auf die Lebensbedingungen des Einzelnen und der Gemeinschaft zu besinnen beginnt:

> Darauf ist die Hauptaufmerksamkeit zu richten in der Zukunft. Wir müssen gewissermaßen lernen, abzulauschen dem heranwachsenden Menschen die Offenbarung des Geistig-Seelischen, wie es war vor der Geburt oder vor der Empfängnis. Wir müssen lernen, in dem heranwachsenden Kinde die Fortsetzung seines Aufenthaltes in der geistigen Welt zu sehen: Dann wird unser Verhältnis zu dem ewigen Wesenskern des Menschen immer unegoistischer und unegoistischer werden.[129]

In seinen allgemeinanthroposophischen und pädagogischen Vorträgen sprach Rudolf Steiner wiederholt darüber, wie in den Werdeschritten der ersten Kindheit – im Erwerb der Aufrichte- und Gleichgewichtskraft, dem Gehen, Sprechen und Denken – präkonzeptionelle Erfahrungen und Lebensprozesse der menschlichen Geistseele mit- und nachschwingen[130], ebenso in jenem Selbst- und Weltverhältnis der *Nachahmung*, die im Zentrum des ersten Jahrsiebtes jeder kindlichen Entwicklung steht. Die Kinder leben in dieser Zeit in ihrer sozialen Umwelt, voller Hingabe und Vertrauen; sie verinnerlichen das Wahrgenommene und bilden es schöpferisch nach, in einer tiefen Aufnahme des Wesens ihres Gegenübers, seiner Gesten und Lebensvollzüge, seiner moralischen

Gestalt. Die besondere, in späterer Zeit so nie mehr wiederkehrende Mitwelt-Beziehung des kleinen Kindes aber entsteht nach der Geburt keineswegs aus dem «Nichts», noch ist sie ein Ergebnis des «Lernens» oder der «Erziehung». Sie geht vielmehr jeder Pädagogik voraus und bildet deren Basis – als ein Nachklang jener präkonzeptionellen Lebenssituation in der geistigen Welt, ihren intuitiven Begegnungsvorgängen und Beziehungen, die dem Übertritt aus der Geist- in die Erdengemeinschaft vorangingen und diesen Übergang mit ermöglichten:

> Die Nachahmung ist im Grunde genommen nichts anderes als ein Weiterleben dessen, was in ganz anderer Form vor der Geburt oder Empfängnis in der geistigen Welt vorhanden war, wo das Untertauchen des einen Wesens in das andere vorhanden ist; das drückt sich dann in der Nachahmung des Kindes gegenüber seiner Menschenumgebung als Nachklang des geistigen Erlebens aus.[131]
>
> Man sieht noch hereinströmen und hereinleuchten das Leben zwischen dem Tod und einer neuen Geburt, wenn man recht sinnvoll das Leben des Kindes hier betrachtet.[132]

*

Zu Weihnachten 1920, in der Vorbereitung ihrer Klinikeröffnung in Arlesheim, der «Geburt» des Klinisch-therapeutischen Instituts, schenkte Rudolf Steiner Ita Wegman den Spruch:

Eine Brücke ist der Mensch
Zwischen dem Vergangnen
Und dem Sein der Zukunft;
Gegenwart ist Augenblick;
Augenblick als Brücke.
Seele gewordner Geist
In der Stoffeshülle
Das ist aus der Vergangenheit;
Geist werdende Seele
In Keimesschalen
Das ist auf dem Zukunftwege.
Fasse Künftiges
Durch Vergangnes
Hoff' auf Werdendes
Durch Gewordenes.
So ergreif das Sein
Im Werden;
So ergreif, was wird
Im Seienden.[133]

Anhang

Rudolf Steiner

«Der Übergang vom seelisch-geistigen Dasein in der Menschenentwickelung zum sinnlich-physischen»

(1922)

Während des Schlafzustandes sind der physische und der ätherische Organismus des Menschen eine Außenwelt für die seelisch-geistige Wesenheit. Sie bleiben in der Art vorhanden, wie sie immer wieder im Wachen das Werkzeug des seelisch-geistigen Menschen werden können. In den Schlafzustand nimmt der Mensch den Wunsch nach diesen beiden Organismen mit hinüber. Dieser Wunsch hängt [...] mit denjenigen geistigen Kräften des Kosmos zusammen, die in den Erscheinungen des Mondes ihr sinnenfälliges Abbild haben. Diesen Mondenkräften ist der Mensch nur durch seinen Zusammenhang mit dem Erdenwesen unterworfen. Es ergibt die Anschauung desjenigen Zustandes, in dem sich der Mensch in der rein geistigen Welt eine gewisse Zeit vor seiner Hinwendung zum Erdenleben befindet, dass er da den Einflüssen dieser Mondenkräfte nicht unterworfen ist.

In *diesem* Zustande erlebt er nicht einen physischen und ätherischen Menschenorganismus als zu ihm gehörig, wie das im Schlafzustande der Fall ist. Aber er erlebt doch in ganz anderer Art diese Organismen. Er erlebt in den kosmischen Welten ihre Grundlagen. Er erlebt das Werden dieser Organismen aus dem geistigen Kosmos heraus. Er schaut einen geistigen Kosmos an. Dieser geistige Kosmos ist der geistige Teil des Keimes des physischen Erdenorganismus, den er künftig tragen wird. Wenn man in diesem Zusammenhange von «Keim» spricht, so wird damit etwas bezeichnet, das in einer gewissen Beziehung sich entgegengesetzt zu dem verhält, das im physischen Weltzusammenhange so genannt wird. Da ist der «Keim» der kleine physische Anfang eines sich vergrößernden Gebildes. Das geistige Kraftgebilde, das der Mensch in seinem vorirdischen geistigen Dasein im Zusammenhange mit seinem Wesen erschaut, ist groß und zieht sich immer mehr zusammen, um zuletzt mit dem physischen Keimteil zu verwachsen.

Man muss sich zur Darstellung dieser Verhältnisse der Ausdrücke «groß» und «klein» bedienen. Aber es muss dabei berücksichtigt werden, dass das Erleben in der geistigen Welt ein geistiges ist, und dass für dasselbe der Raum, in dem das physische Geschehen vor sich geht, nicht vorhanden ist. Die verwendeten Ausdrücke sind also eigentlich nur Verbildlichungen dessen, was geistig, rein qualitativ, unräumlich, erlebt wird.

Im Erleben des kosmischen Gebildes, welches der geistige Keim seines künftigen physischen Organismus ist, ist der Mensch während des vorirdischen Daseins. Und dieses geistige Gebilde wird als eine Einheit mit dem ganzen geistigen Kosmos anschauend erlebt und offenbart sich zugleich als der kosmische Leib des eigenen Menschenwesens. Der Mensch fühlt den geistigen Kosmos als die Kräfte seines eigenen Wesens. Sein ganzes Dasein besteht darinnen, dass er *sich* in diesem Kosmos erlebt. Aber er erlebt nicht *nur* sich. Denn es trennt ihn dieses kosmische Dasein nicht wie später sein physischer Organismus von dem anderen Leben des Kosmos ab. Er ist diesem Leben gegenüber in einer Art Intuition. Das Leben anderer geistiger Wesen ist zugleich *sein* Leben.

In dem tätigen Erleben des Geist-Keimes seines künftigen physischen Organismus hat der Mensch sein vorirdisches Dasein. Er bereitet selbst diesen Organismus vor, indem er in der geistigen Welt mit anderen Geistwesen an dem Geist-Keim wirkt. Wie er während des Erdendaseins durch seine Sinne eine physische Umwelt vor sich hat und in dieser tätig ist, so hat er im vorirdischen Dasein seinen im Geiste sich erbildenden physischen Organismus vor sich; und seine Tätigkeit besteht in der Teilnahme an dessen Gestaltung, wie seine Tätigkeit in der physischen Welt in der Teilnahme an der Gestaltung der physischen Dinge in der Außenwelt besteht.

In dem Geist-Keim des physischen Menschenleibes, welchen der geistig-seelische Mensch in seinem vorirdischen Dasein anschauend erlebt, ist ein wahres Universum vorhanden, nicht minder mannigfaltig und vielgestaltig in sich, als die physische Umwelt der Sinne ist. Ja, die intuitive Erkenntnis *darf* sagen, dass dasjenige, was der Mensch, in dem physischen Menschenkörper zusammengezogen, als ihm unbewusste Welt an sich hat, ein solches Universum ist, mit dem sich an Großartigkeit die physische Welt gar nicht im Entferntesten messen kann.

Und *dieses* Universum erlebt auf geistige Art der Mensch in seinem vorirdischen Zustande, und er wirkt an ihm. Er erlebt es in seinem Werden, seiner Beweglichkeit, aber erfüllt von geistigen Wesenheiten.

Er hat innerhalb dieser Welt ein Bewusstsein. Mit den tätigen Kräften, die im Werden dieses Universums sich auswirken, sind seine eigenen verbunden. Die Zusammenarbeit der geistigen Kosmoskräfte mit seinen eigenen erfüllt sein Bewusstsein. Der Schlafzustand ist in einem gewissen Sinne eine Nachbildung dieser Betätigung. Aber dieser verläuft so, dass der physische Organismus als ein abgeschlossenes Gebilde außer dem seelisch-geistigen Menschen vorhanden ist. Die sich betätigenden Kräfte, die im vorirdischen Dasein den Inhalt des Bewusstseins bilden, fehlen der Anschauung. Deswegen verläuft der Zustand unbewusst.

Im weiteren Verlaufe des vorirdischen Daseins wird das bewusste Mit-Erleben am Werden des zukünftigen Erden-Organismus immer dumpfer. Es schwindet für die Anschauung nicht völlig dahin; aber es dämmert ab. Es ist, als ob der Mensch seine eigene kosmische Innenwelt immer mehr sich entfremdet fühlte. Er lebt sich aus dieser Welt heraus. Was erst ein völliges Mit-Erleben mit den geistigen Wesenheiten des Kosmos war, stellt sich nunmehr *nur* als eine *Offenbarung* dieser Wesen dar. Man kann sagen, vorher hatte der Mensch eine erlebte Intuition der Geisteswelt; jetzt verwandelt sich diese in eine erlebte Inspiration, bei der das Wesen von außerhalb auf den Menschen, sich offenbarend, wirkt.

Damit aber tritt im Innern des geistig-seelischen Menschen ein Erleben auf, das sich mit dem «Entbehren» und der Entstehung der «Begierde nach dem Verlorenen» bezeichnen lässt. Wenn man solche Ausdrücke gebraucht, so ist es, um durch ähnliche Verhältnisse des physischen Erlebens das übersinnliche zu verbildlichen.

In einem solchen «Entbehren» und «Begehren» lebt die Menschenseele in einer späteren Zeit ihres vorirdischen Daseins. Sie hat eine geistige Welt nicht mehr in der vollen Realität des Mit-Erlebens, sondern als geoffenbarten Abglanz, gewissermaßen mit geringerer Intensität des Daseins im Bewusstsein.

Die Menschenseele wird jetzt reif zum Mit-Erleben der geistigen Mondenkräfte, die vorher außerhalb ihres Daseinsbereiches waren. Sie erhält dadurch ein Sein, durch das sie sich als selbstständig absondert von den andern Geistwesen, *mit* denen sie vorher gelebt hat. Man kann sagen: Vorher war ihr Erleben geistdurchdrungen, gottdurchdrungen; nachher wird ein eigenes, seelisches Wesen gefühlt; und der Kosmos wird als eine Außenwelt empfunden, wenn auch das Mit-Erleben mit *dieser Offenbarung* des Kosmos noch immer ein sehr intensives ist in den Anfangsstadien und sich erst allmählich als ein dumpferes herausbildet.

In diesem Erleben tritt also der Mensch aus dem als Wirklichkeit empfundenen, geistdurchtränkten Dasein in ein solches, in dem ihm ein geoffenbarter Geist-Kosmos gegenübersteht. Das erste Stadium des Erlebens ist die Realität desjenigen, was später im Erdendasein als religiöse Seelenanlage für Vorstellung und Empfindung erscheint. Das zweite ist die Realität dessen, was, wenn es beschrieben wird, eine wahre Kosmologie ergibt. Denn es wird da die physische Menschenorganisation auch in ihrer kosmischen Keimanlage angeschaut, ohne die sie nicht verständlich sein kann.

In der Folgezeit verliert der Mensch die Anschauung des Geist-Kosmos. Dieser verdunkelt sich vor dem «Geistesauge». Das Erleben des seelischen Inneren, das im Zusammenhange steht mit den geistigen Mondenkräften, wird dafür immer intensiver. Und die Menschenseele wird reif, dasjenige von außen zu empfangen, was sie vorher im Innern erlebt hat. Die geistige Tätigkeit am Werden des physischen Organismus, die vorher der Mensch bewusst miterlebt hat, entfällt seinen Seelenorganen; sie geht über an die physische Tätigkeit, die sich in der Fortpflanzungsentwickelung innerhalb des Erdendaseins vollzieht. Das von der Menschenseele vorher Miterlebte geht über auf diese Fortpflanzungsentwickelung, um in derselben als dirigierende Kräfte zu wirken. Die Menschenseele hat jetzt für einige Zeit in der geistigen Welt ein Dasein, in dem sie an der Bildung des physischen Menschenorganismus nicht mehr einen Anteil hat.

In diesem Stadium wird sie reif, dasjenige, was in ihr «Entbehren» und «Begehren» ist, an dem Ätherischen des Kosmos zu befriedigen. Sie zieht den kosmischen Äther an sich heran. Und sie bildet im Sinne der Anlagen, die ihr aus dem Mitarbeiten an dem menschlichen Universum geblieben sind, ihren ätherischen Organismus. So lebt sich der Mensch in seinen ätherischen Organismus hinein, bevor ihn im Erdendasein sein physischer Organismus empfängt.

Die im Bereich des Erdendaseins in der Folge der vollzogenen Empfängnis auftretenden Vorgänge haben, abgesondert von dem Verlauf der letzten Stadien des vorirdischen Lebens der Menschenseele, die Bildung des physischen Organismus bis zu der physischen Keimanlage gebracht. Mit dieser kann sich die Menschenseele, die mittlerweile sich ihren ätherischen Organismus eingegliedert hat, vereinigen. Sie vereinigt sich mit derselben durch die Kraft des fortwirkenden «Begehrens»; und der Mensch tritt sein physisches Erdendasein an.

Das Erleben der Menschenseele bei ihrer Eingliederung des ätherischen Organismus in sich, gewissermaßen des Zuwachsens dieses Organismus aus dem Weltenäther, ist ein erdfremdes Erleben; denn es wird ohne den physischen Organismus durchgemacht. Es hat aber diesen zum «begehrten» Objekt. Dasjenige, was im Erleben des ganz kleinen Kindes auftritt, ist eine unbewusste Erinnerung an dieses Erleben. Es ist aber eine *tätige* Erinnerung, ein unbewusstes Arbeiten an dem physischen Organismus, der vorher seelische Innenwelt war und der jetzt als ein äußerer der Menschenseele gegeben ist. Die bildende Tätigkeit, welche der Mensch unbewusst an seinem eigenen Organismus in dessen Wachstum vollzieht, ist die Erscheinung dieser tätigen Erinnerung.[134]

Anmerkungen

1 GA 297, S. 206.

1a Anselm von Feuerbach: *Lehrbuch des gemeinen in Deutschland gültigen peinlichen Rechts*. Gießen 1812, S. 548.

2 GA 40, S. 270.

3 GA 297a, S. 123f.

4 GA 335, S. 260.

5 Zu Rudolf Steiners geisteswissenschaftlicher Forschungsmethode vgl. die Ausführung seiner Grundlagenschriften, darunter auch das Einleitungskapitel seines – gemeinsam mit der Ärztin Ita Wegman verfassten – medizinischen Lehrbuches: *Grundlegendes für eine Erweiterung der Heilkunst nach geisteswissenschaftlichen Erkenntnissen*, GA 27 (Kapitel I. «Wahre Menschenwesen-Erkenntnis als Grundlage medizinischer Kunst»).

6 GA 140, S. 170.

7 GA 40, S. 169.

8 «Wir sind ebenso als Wesen, bei denen die Geburt nur eine Umwandlung bedeutet, in die Welt hereingekommen, wie wir herauskommen aus der Erdenwelt dadurch, dass wir den Tod durchmachen, der nicht ein Ende, sondern nur eine Umwandlung bedeutet.» (GA 236, S. 200)

9 GA 205, S. 80.

10 GA 239, S. 128.

11 GA 203, S. 274.

12 Am 13.3.1921 sagte Rudolf Steiner in Dornach: «Wir müssen ein Wort haben, das deutlich hinweist auf die Präexistenz. Man darf überhaupt nicht unterschätzen die Bedeutung, welche im Worte liegt. – Sie mögen noch so viel denken, noch so scharfsinnig denken, so ist etwas in Ihnen, das eben intellektualistisch in dem Menschen ist. In dem Augenblicke, wo sich der Gedanke umprägt zum Worte, selbst wenn das Wort als solches nur gedacht wird, wie in der Wortmeditation, in demselben Moment prägt sich das Wort ein in den Äther der Welt. Der Gedanke prägt sich als solcher nicht in den Äther der Welt ein, sonst könnten wir niemals im reinen Denken freie Wesen werden. Wir sind ja in dem Augenblicke gebunden, wo sich etwas einprägt. Wir sind ja nicht durch das Wort frei, sondern durch das reine Denken – das können Sie in meiner ‹Philosophie der Freiheit› des Weiteren ersehen –, aber das Wort prägt sich dafür in den Weltenäther ein. – Nun bedenken Sie: Für die Initiationswissenschaft liegt ja heute einfach die Tatsache vor, dass im ganzen Erdenäther dadurch, dass die zivilisierten Sprachen kein gangbares Wort für Ungeborenheit haben, dieses für die Menschheit wichtige Ungeborensein überhaupt nicht dem Weltenäther eingeprägt wird. Alles das aber, was an wichtigen Worten eingeprägt wird in den Weltenäther vom Entstehen, von alldem, was den Menschen betrifft in seiner Kindheit, in seiner Jugend, all das bedeutet einen furchtbaren Schrecken für die ahrimanischen Mächte. Unsterblichkeit im Weltenäther eingeschrieben, das vertragen die ahrimanischen Mächte eigentlich sehr gut, denn Unsterblichkeit bedeutet, dass sie mit dem Menschen eine neue Schöpfung beginnen und mit dem Menschen hinauswandern wollen. Das irritiert die ahrimanischen Wesenheiten nicht, wenn sie immer wieder den Äther durchsausen, um mit dem Menschen ihr Spiel zu treiben, wenn da so und so viel von den Kanzeln von Unsterblichkeit verkündet wird und in den Weltenäther eingeschrieben wird. Das tut den ahrimanischen Wesen sehr wohl. Aber ein furchtbarer

Schrecken für sie ist es, wenn sie das Wort ‹Ungeborenheit› in den Weltenäther eingeschrieben finden. Da löscht für sie überhaupt das Licht aus, in dem sie sich bewegen. Da kommen sie nicht weiter, da verlieren sie die Richtung, da fühlen sie sich wie in einem Abgrund, wie im Bodenlosen. Und daraus können Sie ersehen, dass es eine ahrimanische Tat ist, die Menschheit davon abzuhalten, vom Ungeborensein zu sprechen. Mag es der modernen Menschheit noch so paradox vorkommen, wenn man ihr von solchen Dingen spricht, es bedarf die moderne Zivilisation des Sprechens über solche Dinge. [...] Es ist im Grunde genommen nichts Geringeres als der Kampf gegen die ahrimanischen Mächte, den wir selber aufnehmen müssen.» (GA 203, S. 274f.)

13 Brief an Madeleine van Deventer, Ita Wegman Archiv (Arlesheim). Vgl. a. PETER SELG: *Die letzten drei Jahre. Ita Wegman in Ascona.* Dornach [1]2004, S. 51.

14 Eine umfassende Darstellung der verschiedenen Schilderungen Rudolf Steiners zum Leben der Seele zwischen Tod und neuer Geburt liegt bisher nicht vor, obwohl Rudolf Steiner bereits 1923 auf ihre Notwendigkeit indirekt hinwies. («Alle diese Dinge müssen nach und nach zusammengefasst werden. Es darf nicht jemand kommen und sagen: Ja, er hat uns ja den Durchgang des Menschen durch die Zeit zwischen dem Tode und einer neuen Geburt das eine Mal so, das andere Mal so geschildert! – Wenn jemand in eine Stadt reist, einmal, ein zweites Mal und so weiter, so beschreibt er auch, je nachdem er die Stadt kennenlernt, die Dinge verschieden. Man muss dann die Einzelheiten zusammenfassen. So handelt es sich auch darum, dass die verschiedenen Schilderungen der Erlebnisse des Menschen in der übersinnlichen Welt eben zusammengefasst, zusammengeschaut, zusammengedacht werden. Dann erst bekommt man einen Eindruck von dem, was die übersinnliche Welt ist, und was der Mensch in dieser übersinnlichen Welt erlebt.» GA 231, 113f.) Die bisherigen Veröf-

fentlichungen zu dieser Thematik – darunter von Elisabeth Vreede («Das Leben zwischen Tod und neuer Geburt im Lichte der Astrologie. Teil 1 bis 3. In: *Anthroposophie und Astronomie.* Freiburg [1]1954, S. 165 – 190) und Max Hoffmeister (*Die übersinnliche Vorbereitung der Inkarnation.* Basel [1]1979) – berücksichtigten lediglich Teilaspekte des von Rudolf Steiner umfänglich eröffneten Bildes.

15 Christian Morgenstern: *Werke und Briefe.* Kommentierte Stuttgarter Ausgabe (StA) Band II. Lyrik 1887 – 1905. Hg. Martin Kiessig. Stuttgart 1988, S. 67.

16 Theodor Hetzer: *Die Sixtinische Madonna.* Frankfurt a. M. 1947, S. 73.

17 «Das Bild der Andacht». Zit. n. Michael Ladwein: *Raffaels Sixtinische Madonna. Literarische Zeugnisse aus zwei Jahrhunderten.* Dornach [2]2004, S. 35.

18 «Fece a' monaci Neri di San Sisto in Piacenza la tavola dello altar maggiore, dentrovi la Nostra Donna con San Sisto e Barbara ...» (Giorgio Vasari, 1550; zit. n. Marielene Putscher: *Raphaels Sixtinische Madonna.* Tübingen 1955, S. 4)

19 Theodor Hetzer: *Die Sixtinische Madonna*, S. 17.

20 Ebd., S. 69.

21 Zit. n. Michael Ladwein: *Raffaels Sixtinische Madonna. Literarische Zeugnisse aus zwei Jahrhunderten*, S. 35.

22 Andreas Henning: Raffael in Rom und die Entstehung der Sixtinischen Madonna. In: Claudia Brink und Andreas Henning (Hg.): *Raffael. Die Sixtinische Madonna. Geschichte und Mythos eines Meisterwerkes.* München und Berlin 2005, S. 15.

23 Zit. n. Michael Ladwein: *Raffaels Sixtinische Madonna. Literarische Zeugnisse aus zwei Jahrhunderten*, S. 127.

24 Theodor Hetzer: *Die Sixtinische Madonna*, S. 68.

25 Ebd., S. 126.

26 Ebd., S. 132.

27 Marielene Putscher: *Raphaels Sixtinische Madonna*, S. 31.

28 Theodor Hetzer: *Die Sixtinische Madonna*, S. 66.

29 Zit. n. Michael Ladwein: *Raffaels Sixtinische Madonna. Literarische Zeugnisse aus zwei Jahrhunderten*, S. 152.

30 Theodor Hetzer: *Die Sixtinische Madonna*, S. 12. – Marielene Putscher schrieb hierzu: «Die Vorstellung, es sei die Erdkugel, die sich unter den Wolken abzeichne und die Maria mit ihren Füßen berühre, stellt sich immer wieder zwingend ein, und doch, wenn man genau hinschaut, ist von diesem Erdball nichts zu sehen. – Einer der ersten, der die Sixtina beschrieben hat, Karl Morgenstern, macht schon auf diese seltsame Erscheinung aufmerksam: Maria ist ‹die Königin der Erde. Leise hat Raphael ihr Walten über dem Erdball angedeutet. Wie? der gelbe Mantel des heil. Vaters schlägt so zurück, dass er durch seinen linken Zipfel ungezwungen einen Zirkelabschnitt bildet, der nicht so bestimmt, nicht so abgeschnitten da seyn könnte, wenn nicht der Zipfel des Mantels auf einer Kugelform ruhte. Auch der übrige Theil der linken Seite des rothgefütterten Mantels liegt so, die Madonna tritt so auf, und der Schatten des Gewölks links von ihr ist so gehalten, dass man unwillkürlich auf die Idee des mit Wolken bedeckten Erdballs geführt wird, über welchen die selige Mutter, die heilige Jungfrau wandelt. Ohne harte Bestimmtheit, die das zarte, luftige Gebilde der hohen Phantasie zerstört haben würde, hat der dichtende Künstler nur verloren angedeutet, was die, die ihm nachahnen mögen, leicht finden werden.› Mehr als Morgenstern hier sagt, kann und darf man nicht sagen, doch ist es genug. Sowie man Bestimmtes behauptet, wird es falsch.» (S. 73f.)

31 Zit. n. Michael Ladwein: *Raffaels Sixtinische Madonna. Literarische Zeugnisse aus zwei Jahrhunderten*, S. 75.

32 Ebd., S. 152.

33 Ebd., S. 116.

34 Theodor Hetzer: *Die Sixtinische Madonna*, S. 10.

35 Zit. n. Michael Ladwein: *Raffaels Sixtinische Madonna. Literarische Zeugnisse aus zwei Jahrhunderten*, S. 153.

36 Theodor Hetzer: *Die Sixtinische Madonna*, S. 13. («Wie Sonne und Mond verhalten sich die beiden Gesichter zueinander, und es ist etwas Eigentliches in diesem Vergleich. Auf dem frühen Bilde der Kreuzigung in der Londoner Nationalgalerie sieht man nach mittelalterlicher Weise Sonne und Mond zu beiden Seiten des Kreuzes; schon da lässt Raffael sein ganz ursprüngliches Verhältnis zu den Formen des Universums in die noch symbolische Darstellung einströmen. Hier nun, auf der Höhe seines Schaffens, ist das Ursprüngliche völlig in menschliche Gestalt und menschliches Leben eingegangen, hat sich das Kosmische vermenschlicht und erhebt sich im geläuterten Menschlichen zum Göttlichen. Alles, was nur symbolisch, was abstrakt und ungeheuer sein könnte, hat sich in Milde und Hoheit verwandelt; dass es aber vorhanden ist, dürfen wir keinen Augenblick vergessen.» Ebd.)

37 Zit. n. Michael Ladwein: *Raffaels Sixtinische Madonna. Literarische Zeugnisse aus zwei Jahrhunderten*, S. 135.

38 Wilhelm Kelber: *Raffael von Urbino. Leben und Werk*. Stuttgart 1979, S. 389. – Zugleich gilt m. E. Hetzers Feststellung von 1943: «Wo Raffael so große und reine Form im Antlitz der Madonna gestaltet, da müssen wir auch dem Sinne nach Maria als Hauptfigur empfinden; erst *mit* dem Gesicht der Mutter *zusammen* wird das des göttlichen Kindes ganz lebendig. Es heißt, gegen den Augenschein interpretieren, wenn man dies leugnet.» (Theodor Hetzer: *Die Sixtinische Madonna*, S. 15)

39 Zit. n. Michael Ladwein: *Raffaels Sixtinische Madonna. Literarische Zeugnisse aus zwei Jahrhunderten*, S. 34.

40 Ebd., S. 50.

41 Ebd., S. 91.

42 – auch wenn die Zentralgestalt des Sixtina-Kindes den menschheitlichen Bereich in gewisser Hinsicht überschreitet, da sie (zukünftiger) Träger der kosmischen Christus-Wesenheit ist: «Wer die Kinder auf den Madonnenbildern von Raffael anschaut, der sieht, dass aus seinen Kinderaugen herausschaut

das Göttliche, das Verborgene, das Übermenschliche, das mit dem Kinde in den ersten Zeiten nach der Geburt noch verbunden ist. Das kann man auf allen Kinderbildern Raffaels beobachten, mit Ausnahme eines einzigen. *Ein* Kindesbild wird man nicht so deuten können, und das ist das Jesuskind der Sixtinischen Madonna. Wer diesem Kinde ins Auge schaut, der weiß, dass mehr, als was in einem Menschen sein kann, schon aus dem Auge dieses Kindes herausschaut. Diesen Unterschied hat Raffael gemacht, dass in diesem einzigen Kinde der Sixtinischen Madonna etwas lebt, was ein rein Geistiges, ein Christushaftes schon im voraus erlebt.» (GA 143, 179)

43 GA 105, S. 23.

44 GA 202, S. 32.

45 GA 343, S. 227.

46 GA 62, S. 301.

47 GA 262, S. 125.

48 Wilhelm Kelber: *Raffael von Urbino*, S. 389.

49 GA 112, S. 20.

50 GA 62, S. 303.

51 Zit. n. Michael Ladwein: *Raffaels Sixtinische Madonna. Literarische Zeugnisse aus zwei Jahrhunderten*, S. 110.

52 Eduard Lenz: *Gelebte Zukunft: Briefe, Aufsätze, Dokumente.* Stuttgart [2]1982, S. 100f.

53 Vgl. Uta Neidhardt: Die Dresdener Gemäldegalerien. Alte und neue Meister seit 1939. Auslagerung, Abtransport und Rückkehr ihrer Werke. In: Staatliche Kunstsammlung Dresden (Hg.): *Zurück in Dresden. Eine Ausstellung ehemals vermisster Werke aus Dresdener Museen.* Dresden 1998.

54 Ruth Kranz-Löber: *«In der Tiefe des Hohlwegs». Die Shoah in der Lyrik von Nelly Sachs.* Würzburg 2001, S. 47.

55 Nelly Sachs: *Fahrt ins Staublose.* Frankfurt 1961, S. 67.

56 Zit. n. Marielene Putscher: *Raphaels Sixtinische Madonna.* Tübingen 1955, S.1.

57 Vgl. Peter Selg: «In den Wohnungen des Todes». Erinnerung

an Nelly Sachs (1891 – 1970). In: PETER SELG: *«Alles ist unvergessen.» Paul Celan und Nelly Sachs.* Dornach 2008, S. 21 – 138.

58 GA 231, S. 125.

59 GA 192, S. 251.

60 GA 9, S. 88.

61 Ebd.

62 CHRISTIAN MORGENSTERN: *Werke und Briefe.* StA Band II, S. 511.

63 GA 302, S. 138.

64 RAINER MARIA RILKE: *Die Gedichte.* Frankfurt a. M. [3]1987, S. 631f. – Zu den Umständen dieser Niederschrift vgl. u.a. PETER SELG: *Rainer Maria Rilke und Franz Kafka. Lebensweg und Krankheitsschicksal im 20. Jahrhundert.* Dornach 2007, S. 31ff.

65 Vgl. Peter Selg: «In Christo morimur». Der nachtodliche Weg der Menschenseele. In: PETER SELG: *Rudolf Steiners Totengedenken. Die Verstorbenen, der Dornacher Bau und die Anthroposophische Gesellschaft.* Arlesheim 2008, S. 111 – 135.

66 GA 239, S. 82.

67 Ebd., S. 87.

68 Ebd., S. 89.

69 Ebd., S. 155.

70 Ebd., S. 102.

71 Ebd., S. 104.

72 GA 240, S. 126.

73 GA 218, S. 115/289. – Über die Einzigartigkeit, über die grandiose Dimension des menschlichen Leibes – in mikro- wie makrokosmischer Hinsicht – sprach Rudolf Steiner in zahlreichen Vorträgen. Im Mai 1923 sagte er in Betrachtungen zum nachtodlichen Leben der Menschenseele und zur «Geistkeim»-Bildung der Sonnensphäre: «Es ist ja wunderbar dasjenige, was wir sehen, wenn wir, sagen wir, eine schöne Landschaft bewundern können. Es ist wunderbar dasjenige, was wir sehen, wenn wir nächtlich den Sternenhimmel in all seiner Pracht bewundern. Aber dasjenige, was im Menschen drinnen ist,

wenn wir den Menschen nicht mit dem physischen Auge des Anatomen anschauen, sondern mit geistigem Auge anschauen, wenn wir eine menschliche Lunge, eine menschliche Leber – verzeihen Sie, dass ich alle diese Organe nenne –, wenn wir diese Organe mit geistigem Auge anschauen, so sind das ja Welten, zusammengerollt. Gegenüber aller Pracht und Herrlichkeit der äußeren Flüsse und Berge, der Erdenwelt, gegenüber all dieser äußeren Pracht ist eine viel größere, eine erhabenere Pracht alles dasjenige, was innerhalb der Haut des Menschen auch nur als physische Organisation liegt. Dass das kleiner ist als die scheinbar so große Raumeswelt, das macht es nicht aus. Wenn Sie dasjenige überschauen, was in einem einzigen Lungenbläschen liegt, so ist das großartiger als dasjenige, was in den mächtigen Alpenmassiven liegt. Dasjenige, was innerhalb des Menschen ist, ist nämlich zusammenverdichtet der ganze geistige Kosmos. In der menschlichen Innenorganisation haben wir ein Bild des ganzen Kosmos.» (GA 226, S. 33f.)

74 GA 226, S. 36f.
75 GA 231, S. 106.
76 GA 226, S. 35.
77 GA 215, S. 98.
78 GA 25, S. 49.
79 GA 235, S. 137.
80 GA 239. S. 111.
81 GA 226, S. 24; Hervorhebung v. V.
82 GA 202, S. 95.
83 GA 226, S. 25.
84 GA 226, S. 38.
85 Ebd., S. 39.
86 GA 258, S. 14f.
87 GA 167, S. 41f.
88 GA 141, S. 143.
89 GA 63, S. 349.

90 GA 109, S. 204.
91 Ebd.
92 Vgl. hierzu u.a. Peter Selg: *Krankheit, Heilung und Schicksal des Menschen. Über Rudolf Steiners geisteswissenschaftliches Pathologie- und Therapieverständnis*, S. 89ff.
93 GA 140, S. 354f.
94 GA 343, S. 256.
95 Vgl. 348, S. 144.
96 Vgl. hierzu die zahlreichen Darstellungen Rudolf Steiners in Peter Selg (Hg.): *Rudolf Steiner. Quellentexte für die Wissenschaften. Texte zur Medizin. Band 3: Physiologische Menschenkunde*, S. 114 – 118.
97 GA 343, S. 175.
98 GA 226, S. 36.
99 GA 201, S. 122.
100 GA 208, S. 204.
101 GA 227, S. 249.
102 GA 226, S. 39.
103 GA 218, S. 172.
104 GA 215, S. 104.
105 GA 226, S. 40.
106 GA 240, S. 17.
107 Ebd., S. 127.
108 GA 93a, S. 159.
109 GA 95, S. 52f.
110 GA 99, S. 38f.
111 Vgl. GA 95, S. 52f.
112 GA 218, S. 298.
113 Ebd.
114 GA 99, S. 55.
115 GA 316, S. 147.
116 GA 343, S. 256.
117 Vgl. hierzu im einzelnen Peter Selg: *Vom Logos menschlicher Physis.* Band 2, S. 691f.

118 «Die Erscheinung des Todes geht so vor sich, dass sich im Moment des Todes der Zusammenhang, der zwischen dem Äther- und Astralleib einerseits und dem physischen Leib anderseits besteht, *namentlich im Herzen löst*. Eine Art Aufleuchten findet statt im Herzen, und dann hebt sich über den Kopf heraus Ätherleib, Astralleib und Ich.» (GA 95, S. 28; Hervorhebung v. V.)

119 Vgl. PETER SELG: *Mysterium cordis. Studien zur sakramentalen Physiologie des Herzorganes. Aristoteles – Thomas von Aquin – Rudolf Steiner*, S. 23ff.

120 GA 317, S. 32.

121 GA 226, S. 40.

122 Vgl. Wolfgang Schad: Einführung. In: WOLFANG SCHAD (HG.): *Die verlorene Hälfte des Menschen. Die Plazenta vor und nach der Geburt in Medizin, Anthroposophie und Ethnologie*, S. 12f.

123 GA 343, S. 176.

124 GA 293, S. 22.

125 «Der mütterliche Uterus gibt die Stätte ab, wo gegen die irdischen Kräfte geschützt ist dasjenige, was geschieht. Sie müssen sich den mütterlichen Uterus als ein Organ vorstellen, welches den Raum abschließt, der die Wirkung der irdischen Einflüsse nicht einlässt, so dass der Raum ausgespart wird für kosmische Wirkungen. Wir haben einen Raum, der unmittelbar mit dem Kosmos in Verbindung steht, in dem sich kosmische Wirkungen abspielen.» (GA 317, S. 121f.)

126 5. Moses 28,57 und 1. Samuel 25,29. Vgl. Wolfgang Schad: Zur Anthropologie der Bekleidung. Der Mensch vor und nach der Geburt. In: WOLFGANG SCHAD (HG.): *Die verlorene Hälfte des Menschen. Die Plazenta vor und nach der Geburt in Medizin, Anthroposophie und Ethnologie*, S. 63.

127 Vgl. Wolfgang Schad: Die Bedeutung der Nachgeburt in anthroposophischer Sicht. Ebd., S. 74/63 (Abb. 13).

128 GA 143, S. 179.

129 GA 296, S. 75.

130 Vgl. GA 226, Vortrag vom 17. und 18. Mai 1923.

131 GA 200, S. 115.

132 Ebd. Vgl. auch PETER SELG: *Der therapeutische Blick. Rudolf Steiner sieht Kinder.*

133 Ita Wegman Archiv, Arlesheim. Vgl. auch Faksimile S. 2 (in diesem Band).

134 Aus: RUDOLF STEINER: *Drei Schritte der Anthroposophie. Philosophie – Kosmologie – Religion.* GA 25. Dornach [4]1999, S. 47 – 53.

Literaturverzeichnis

Im Text direkt zitierte Werke Rudolf Steiners
(Vorträge und Schriften)

Rudolf Steiner Gesamtausgabe, Rudolf Steiner Verlag, Dornach, Schweiz.

GA 9 Theosophie. Einführung in übersinnliche Welterkenntnis und Menschenbestimmung (1904): 32. Auflage 2003.

GA 25 Drei Schritte der Anthroposophie. Philosophie – Kosmologie – Religion (1922): 4. Auflage 1999.

GA 40 Wahrspruchworte (1886 – 1925): 9. Auflage 2005.

GA 62 Ergebnisse der Geistesforschung (1912/13): 2. Auflage 1988.

GA 63 Geisteswissenschaft als Lebensgut (1913/14): 2. Auflage 1986.

GA 93a Grundelemente der Esoterik (1905): 3. Auflage 1987.

GA 95 Vor dem Tore der Theosophie (1906): 4. Auflage 1990.

GA 99 Die Theosophie des Rosenkreuzers (1907): 7. Auflage 1985.

GA 105 Welt, Erde und Mensch (1908): 5. Auflage 1983.

GA 109 Das Prinzip der spirituellen Ökonomie in Zusammenhang mit Wiederverkörperungsfragen (1909): 3. Auflage 2003.

GA 112 Das Johannes-Evangelium im Verhältnis zu den drei anderen Evangelien (1909): 6. Auflage 1984.

GA 140 Okkulte Untersuchungen über das Leben zwischen Tod und neuer Geburt (1912/13): 5. Auflage 2003.

GA 143 Erfahrungen des Übersinnlichen. Die drei Wege der Seele zu Christus (1912): 4. Auflage 1994.
GA 167 Gegenwärtiges und Vergangenes im Menschengeiste (1916): 2. Auflage 1962.
GA 192 Geisteswissenschaftliche Behandlung sozialer und pädagogischer Fragen (1919): 2. Auflage 1991.
GA 200 Die neue Geistigkeit und das Christus-Erlebnis des zwanzigsten Jahrhunderts (1920): 4. Auflage 2003.
GA 201 Entsprechungen zwischen Mikrokosmos und Makrokosmos (1920): 2. Auflage 1987.
GA 202 Die Brücke zwischen der Weltgeistigkeit und dem Physischen des Menschen (1920): 4. Auflage 1993.
GA 203 Die Verantwortung des Menschen für die Weltentwickelung (1921): 2. Auflage 1989.
GA 205 Menschenwerden, Weltenseele und Weltengeist, erster Teil (1921): 2. Auflage 1987.
GA 208 Anthroposophie als Kosmosophie, zweiter Teil (1921): 3. Auflage 1992.
GA 215 Die Philosophie, Kosmologie und Religion in der Anthroposophie (1922): 2. Auflage 1980.
GA 218 Geistige Zusammenhänge in der Gestaltung des menschlichen Organismus (1922): 6. Auflage 1994.
GA 226 Menschenwerden, Menschenschicksal und Welt-Entwickelung (1923): 5. Auflage 1988.
GA 227 Initiations-Erkenntnis (1923): 4. Auflage 2000.
GA 231 Der übersinnliche Mensch, anthroposophisch erfasst (1923): 4. Auflage 1999.
GA 235 Esoterische Betrachtungen karmischer Zusammenhänge. Erster Band (1924): 8. Auflage 1994.
GA 239 Esoterische Betrachtungen karmischer Zusammenhänge. Fünfter Band (1924): 3. Auflage 1985.
GA 240 Esoterische Betrachtungen karmischer Zusammenhänge. Sechster Band (1924): 5. Auflage 1992.
GA 258 Die Geschichte und die Bedingungen der anthroposo-

phischen Bewegung im Verhältnis zur Anthroposophischen Gesellschaft (1923): 3. Auflage 1981.
GA 262 Rudolf Steiner / Marie Steiner-von Sivers: Briefwechsel und Dokumente (1901 – 1925): 2. Auflage 2002.
GA 293 Allgemeine Menschenkunde als Grundlage der Pädagogik (1919): 9. Auflage 1992.
GA 296 Die Erziehungsfrage als soziale Frage (1919): 4. Auflage 1991.
GA 297 Idee und Praxis der Waldorfschule (1920): 1. Auflage 1998.
GA 297a Erziehung zum Leben (1921-24): 1. Auflage 1998.
GA 302 Menschenerkenntnis und Unterrichtsgestaltung (1921): 5. Auflage 1986.
GA 316 Meditative Betrachtungen und Anleitungen zur Vertiefung der Heilkunst (1924): 4. Auflage 2003.
GA 317 Heilpädagogischer Kurs (1924): 8. Auflage 1985.
GA 335 Die Krisis der Gegenwart und der Weg des gesunden Denkens (1920): 1. Auflage 2005.
GA 343 Vorträge und Kurse über christlich-religiöses Wirken, II (1921): 1. Auflage 1993.
GA 348 Über Gesundheit und Krankheit (1922/23): 3. Auflage 1983.

Berücksichtigte Sekundärliteratur

Hoffmeister, Max: Die übersinnliche Vorbereitung der Inkarnation. Basel [1]1979.

Schad, Wolfang (Hg.): Die verlorene Hälfte des Menschen. Die Plazenta vor und nach der Geburt in Medizin, Anthroposophie und Ethnologie. Stuttgart 2005.

Selg, Peter: Vom Logos menschlicher Physis. Die Entfaltung einer anthroposophischen Humanphysiologie im Werk Rudolf Steiners. 2 Bände. Dornach [2]2006.

– Mysterium cordis. Studien zu einer sakramentalen Physiologie des Herzorganes. Aristoteles – Thomas von Aquin – Rudolf Steiner. Dornach [2]2005.
– (Hg.): Rudolf Steiner. Quellentexte für die Wissenschaften. Texte zur Medizin. Band 3. Physiologische Menschenkunde. Dornach 2004.
– Krankheit, Heilung und Schicksal des Menschen. Über Rudolf Steiners geisteswissenschaftliches Pathologie- und Therapieverständnis. Dornach 2004.
– Der therapeutische Blick. Rudolf Steiner sieht Kinder. Dornach [1]2005.

Vreede, Elisabeth: «Das Leben zwischen Tod und neuer Geburt im Lichte der Astrologie. Teil 1 bis 3. In: Anthroposophie und Astronomie. Freiburg [1]1954, S. 165 – 190.

Auch als Hörbuch erhältlich!

Peter Selg

Ungeborenheit

Die Präexistenz des Menschen und der Weg zur Geburt

Hörbuch auf CD, 2 Std., 20 Min., gelesen von Brigitte Kowarik

ISBN 978-3-906947-6-8   Best.-Nr. HB 001

Die Individualität, das «Grund-Ewige» des Menschen, will, so Rudolf Steiner, dieses Erdenleben. Die Individualität strebt auf das Erdenleben bereits präkonzeptionell zu und bildet sich in der aktiven Begegnung und Auseinandersetzung mit den Eltern und den Umweltkräften (sowie mit Unterstützung hoher geistig-hierarchischer Kräfte) einen Leib, um mit ihm in der Erdenwelt sein und wirken zu können: «Das ist der radikalste Gedanke, der in die Gegenwartsmenschheit einschlagen muss, dass der Mensch sein physisches Leben nicht bloß als Vorbereitung für das Leben nach dem Tode anzusehen hat, sondern dass er es anzusehen hat auch als Fortsetzung eines geistigen Lebens vor der Geburt.»

VERLAG DES ITA WEGMAN INSTITUTS

Peter Selg

Das Kind als Sinnes-Organ

Zum anthroposophischen Verständnis der Nachahmungsprozesse

112 Seiten, Broschur
ISBN 978-3-905919-40-0

Rudolf Steiner beschrieb in zahlreichen Vorträgen die umfassende Bedeutung der Nachahmungsprozesse der frühen Kindheit, bis in physiologische Einzelheiten hinein. Die sinnesempirischen Forschungsergebnisse zur frühkindlichen Entwicklung, darunter die Bindungs- und Neuroplastizitätsforschung, gaben ihm im weiteren Fortgang des 20. Jahrhunderts eindrucksvoll Recht, ohne seinen erkenntnismethodischen Ansatz und seine konkreten Einsichten auch nur anfänglich zur Kenntnis zu nehmen. Die Studie aus dem Ita Wegman Institut stellt die Anthropologie der kindlichen Nachahmungsprozesse und ihre Bedeutung für die gesamte Entwicklung des Kindes im Werk Rudolf Steiners dar.

«In den ersten sieben Lebensjahren lässt sich die Sinnes-Nervenorganisation in Bezug auf ihre Plastizität vergleichen mit Wachs.» *(Rudolf Steiner)*

VERLAG DES ITA WEGMAN INSTITUTS

ITA WEGMAN INSTITUT FÜR ANTHROPOSOPHISCHE GRUNDLAGENFORSCHUNG

Im Ita Wegman Institut für anthroposophische Grundlagenforschung wird die von Dr. phil. Rudolf Steiner (1861 – 1925) in Schrift- und Vortragsform entwickelte anthroposophische Geisteswissenschaft ideengeschichtlich aufgearbeitet, unter werkbiographischer Akzentuierung und im Kontext der Wissenschafts- und Sozialgeschichte des 19. und 20. Jahrhunderts.

Das Institut unterhält mehrere, öffentlich zugängliche Arbeitsarchive, die auf den Nachlässen von wegweisenden Mitarbeitern Rudolf Steiners beruhen, insbesondere im Bereich der Medizin, Heilpädagogik und Pädagogik (Ita Wegman Archiv, Hilma Walter Archiv, Willem Zeylmans van Emmichoven Archiv, Karl König Archiv und Karl Schubert Archiv).

Die Arbeiten des Ita Wegmans Instituts werden von verschiedenen Stiftungen – in erster Linie der Software AG-Stiftung (Darmstadt) – sowie einem internationalen Freundes- und Förderkreis unterstützt.

Pfeffinger Weg 1A · CH 4144 Arlesheim · Schweiz
Leitung: Prof. Dr. P. Selg
www.wegmaninstitut.ch · E-Mail: sekretariat@wegmaninstitut.ch